65歳超入門

隠居
するには
まだ早い！

社会保険労務士
川越雄一

SANNO BOOKS

【はじめに】

「65歳。まさか自分に訪れるとは……」

この本を手にしてくださった方は、おそらく私と同年代の方が多いと思いますので、このような感覚ではないでしょうか。

若い頃は、60歳まで頑張ればあとは何とかなると思っていたものですが、職業人としてのゴールは先へ先へと伸びていきます。見えていたゴールが先へ先へと遠ざかるわけですから、モチベーションの維持も大変です。

法律上は、年金支給開始年齢に合わせて会社に65歳までの雇用を義務付けていますが、人生が65歳で終わるわけではありません。65歳以降も働き続けるには、会社から年齢に関係なく雇用し続けたいと思われなくてはならないわけですが、それにはいくつかの共通点があります。ですから、雇う側の会社がどのような人材を必要とし、必要としないかを理解することはとても重要なことです。

私は社会保険労務士という仕事をしていますが、会社経営者から日常的に労務についてのご相談を受けています。そのようなご相談を通じて、会社には年齢に関係なく雇用し続けたい人と、そうでもない人がいるということを強く感じます。65歳まではともかく、法律上の雇用義務がなくなる65歳以降はなおさらです。

そこで、この本では、会社が年齢に関係なく雇用し続けたいと思う人材の共通点を踏まえ、65歳以降もイキイキと働き続けたいと考えている人向けの入門書としてまとめたものです。ちょうど居酒屋で一杯やっているつもりで、軽くお読みいただければ十分です。実は、この本の舞台は小さな居酒屋であり、主人公である普通のオジサンとオバサンの持つ率直な疑問に答えるカタチで話が展開されています。

内容としては、第1章から第3章が65歳以降の現役続行3つのパターン、第4章と第5章が現役続行を支える年金、健康保険、雇用保険制度の基本です。そして第6章が65歳以降も輝き続けるためのヒントです。

もちろん、65歳からの生き方などが、本を一冊読んだくらいでどうこうなるものではないでしょう。しかし、このような本を手にされたこと自体が前向きで素晴らしく、65歳以降の展開は自ずと開けてくるものと確信しております。また、この本が、65歳以降の進路を決める際の判断材料のひとつにでもなれば幸いです。

伍川 蔵雲（いつかわ くらうん）

社会保険労務士を始めて 28 年、昨年還暦を迎えた。「余談ですが……」が口ぐせの人情派社労士。高校時代は勉強、スポーツともにイマイチで、同級生のスーちゃん、シーちゃんには頭が上がらなった。

小金賀 好代（こがねが すきよ）

通称スーちゃん。大手企業の子会社に契約社員として勤務中。悪い人ではないが少々厚かましく、小金が大好き。子はすでに独立し、都市部のマンションに３歳年上の夫と二人暮らし。

宅間 椎子（たくま しいこ）

通称シーちゃん。２年前に５歳年上の夫を亡くし、いわゆる“没イチ”。中小企業に勤務しながら、定職に就かない息子と二人暮らし。実家の隣に家を建ててもらったので親の世話もしている。

文武 優（ぶんぶ まさる）

伍川、スーちゃん、シーちゃんの同級生。高校時代はいわゆる文武両道で、一流大学を卒業後、大手企業に就職したエリート。顔立ちもよく女子のあこがれの的だった。

余下 拓郎（よした たくろう）

伍川の知人で、建設コンサルティング会社を営む 64 歳。天地真理似の妻がいる。

大将

居酒屋「ふるさと」の店主。地元スーパーを定年退職後、小さな居酒屋を開業し、妻と二人で切り盛りしている。いかつい見かけによらずとても穏やかな性格で、皆に慕われている。

奥さん

大将の妻。大将より一回り年下で、宝塚出身と思えるほど長身の美人。おでんやコロッケなどの手作り料理にはファンも多い。

～プロローグ～

高校の還暦同窓会でたまたま席が隣り合わせになった伍川蔵雲、小金賀好代、宅間椎子の３人は、昔話に一花咲かせて、一気に高校時代の関係に戻った。伍川が社会保険労務士であることがわかると、「ちょうどよかった！　ねぇ、伍川くん、定年後の生活や年金のことについて相談に乗ってくれない？」と小金賀と宅間は目を輝かせた。そこで日を改め、３人は居酒屋「ふるさと」で会うことに。

この前はお疲れ様でした。楽しかったね。

こちらこそ。で、例の物は持ってきた？

もちろん！「雇用契約書」、「ねんきん定期便」、「給与明細書」だったよね、ほら。

私は定年後も今の会社に勤め続けたいと思っているけど、ほかにも道はあるのかな？

定年後の働き方には主に、①同じ会社で働き続ける、②新たな会社に転職再就職する、③独立創業する、の3つの選択肢があるよ。それぞれ簡単に説明していくね。あ、相談料の代わりに一杯おごってくれる約束、覚えているよね？

目次

第4章　現役続行を支える年金の基本

第5章　現役続行を支える健康保険・雇用保険の基本

第6章　65歳からも輝き続けるために

1

【現役続行】

同じ会社で働き続ける

今の会社で何歳まで勤められるのか

私の会社には若い人が入って来ないので、オジサン、オバサンばっかり。だから、就業規則で定年は一応60歳ということになっているけれど、定年なんてあってもないようなものなのよね。でも今年、社長が代替わりして息子さんになって、継続雇用が何だかんだと小難しいことを言ってるの。結局、私って今の会社に何歳まで勤められるの？

中小企業ではよくあるパターンだね。勤め続けるだけなら、65歳までは大丈夫だよ。ただしそれは法律上の話であって、実際には会社の就業規則も絡んでくるんだ。

就業規則が絡むって、何だか難しそうね。分かりやすく説明してもらえる？

今は本人が希望すれば、65歳まで勤め続けることができます。ただし、正社員としての立場は保障されません。定年年齢を60歳とし、その後65歳までは再雇用という扱いにしている会社が多いようです。

65歳まで勤め続けるうえで、法律以外にもう一つ確認しておくべきは、会社の就業規則です。就業規則とは、労働時間や休日など、働くうえでのルールが定められた規定集です。この中に、定年年齢や、定年後の働き方などのルールが載っており、それに従うことになります。

なお、労働者のことは「社員（職員）」「従業員」などいろいろな呼び方がありますが、本書ではそれらをまとめて「社員」と表記しています。

1 法律が雇用を守ってくれるのは65歳まで

高年齢者雇用安定法（高年齢者等の雇用の安定等に関する法律）により、会社は定年年齢を60歳以上にすることが義務付けられており、本人が希望すれば、その後も65歳までは何らかのカタチで雇用しなくてはなりません。しかし、この法律では、会社に対して、たとえば60歳の定年後も65歳まで正社員として雇用することまでは義務付けていません。具体的には、①65歳定年制、②希望者全員を65歳まで継続雇用、③定年制の廃止のうち、どれかを実施すればよいのです。

●65歳定年制

定年というのは、その年齢に達したら、本人の希望にかかわらず自動的に雇用関係が終了する年齢のことです。高年齢者雇用安定法で定年は60歳以上とすることになっているため、60歳定年が一般的です。定年が65歳に引き上げられれば、65歳まで従来どおりに勤めることができます。働く立場としては、これが一番安定していますが、最近は徐々に65歳定年制の会社が増えていますが、まだまだ少数派です。

余談ですが、「65歳以上」というと、65歳以降もずっと続くような印象を受けますが、法律では65歳ちょうども「65歳以上」です。

●希望者全員を65歳まで継続雇用

継続雇用というのは、定年年齢を引き上げるのではなく、本人の希望によって定年後も引き続き雇用する制度で、主には「再雇用制度」と「勤務延長制度」のことを指します。再雇用制度は、定年でいったん退職とし、新たに雇用契約を結ぶ制度です。再雇用ですから、労働条件などはそこで決め直すことになります。一方、勤務延長制度は、定年で退職とせず引き続き雇用する制度です。定年の引き上げに似ていますが、定年年齢自体は据え置かれていますから、制度としては異なるものです。

●定年制の廃止

文字どおり定年年齢をなくすことです。したがって、本人が希望する限り雇用関係は続く、究極の終身雇用制です。働く気があればいつまでも勤められますが、ゴールがないというのも、それはそれで大変かもしれませんね。終わりがあるから集中して頑張れるということだってあります。もちろん、健康面や勤務能力などの理由で働き続けることが不可能となった場合は、自己都合で退職したり、会社から解雇されたりすることがあります。

2 実際の雇用は就業規則上のルールや雇用契約で決まる

高年齢者雇用安定法には細かなことまでは規定されておらず、具体的な条件などは会社の就業規則上のルールや雇用契約書により取り決められます。ここで注意すべきは、就業規則の定年規定や雇用契約における条件を決定するのは、雇用する側の会社であるということです。

●就業規則の定年規定

一般的に、多くの会社の就業規則は次のような規定になっています。おそらく、小金賀好代さん、宅間椎子さんの会社もこのような感じだと思います。

（定年）

第○条　社員の定年は満60歳とし、誕生日以後に到来する賃金締切日をもって定年退職とする。

2　前項にかかわらず、社員が定年後も継続して雇用されることを希望した場合には、全員を定年退職日の翌日より、原則として1年ごとの契約更新により、満65歳の誕生日以後に到来する賃金締切日まで再雇用する。

3　前項にかかわらず、第○条の退職事由及び第○条の解雇事由に該当する者は再雇用の対象から除く。

● 誕生日の前日に歳をとる

多くの人は、誕生日に満60歳を迎えると考えているのではないでしょうか。日常生活にはそれで支障ありませんが、法律（年齢計算ニ関スル法律）上は「誕生日の前日に歳をとる」ことになっています。この考え方は、法律が絡むものには共通して適用されます。

たとえば、２０１９年４月１日生まれの人は２０１８年度生まれの人と同じ学年になり、２０１９年４月２日以降に生まれた人が２０１９年度生まれという扱いになります。

●65歳まで勤められない人もいる

前に挙げた就業規則例の3番目（第3項）の規定「前項にかかわらず、第○条の退職事由及び第○条の解雇事由に該当する者は再雇用の対象から除く」には、注意が必要です。これは65歳未満という年齢に関わらず、健康面や勤務能力・態度が就業規則に決められている退職事由や解雇事由に当てはまる場合は、65歳まで雇用が継続されない場合もあるということを示しています。

雇用関係を小難しくいえば、労務（労働時間）の売り買いでもあるわけで、社員が確実な労務を会社に提供することは当然だからです。

人生いろいろ、定年後の働き方もいろいろ

一応65歳まで勤め続けられるのは何となく分かったけれど、正社員じゃないかもしれないのね。私はお父さん（夫）もいるし、そもそも契約社員だからよいけれど、シーちゃんは、旦那さんが亡くなって一人で生きる〝没（ぼつ）イチ〟だから、正社員じゃないと大変ね。

そうなのよ。うちは小さな会社だから立場も何もあったもんじゃないけど、できれば65歳過ぎても働きたいから、65歳前後のことを教えて。息子が定職に就いていないし、母の世話にもお金がかかるんだ。

人生いろいろだけど、定年後の働き方や立場もいろいろだから、そのあたりを説明しよう。

人生いろいろだなんて、私の十八番、歌ってあげようか。

定年は雇用契約が終了する日であり、その日をもって雇用関係がリセットされます。その後の立場や働き方というのは、勤務先や人によりさまざまです。たとえ同じ再雇用であっても、待遇や働き方は人それぞれに違います。多くの場合は、定年までは多少の違いはあっても大体同じような働き方をしてきましたから、戸惑う方も少なくないでしょう。

定年後の待遇を決めるのは、定年時における評価です。不本意であっても、働く側としてはそれを受け入れるしかありません。

1 いろいろな働き方

働き方とは主に、雇用契約期間があるかないか、フルタイムなのかパートタイムなのか、そして社内でどのような立場や呼ばれ方になるかということです。

●雇用契約期間があるかないか

雇用契約期間を定めずに雇われることを、無期雇用といいます。たとえば、60歳定年後に雇用契約期間を設けずに雇用契約を結ぶ場合が、無期雇用にあたります。この場合、理論上は第二定年がない限り、雇用関係はずっと続きます。第二定年というのは、65歳や70歳など、最初の定年後に再び雇用契約終了の年齢を定めることです。

一方、定年後に、半年なり1年なりの契約期間を区切って雇用契約を結ぶことを、有期雇用といいます。労働条件は原則として、契約の更新時に決め直すことになります。プロ野球の契約更改のようなイメージですね。

●フルタイムなのかパートタイムなのか

フルタイムとパートタイムの違いは、1日または1週間の労働時間の差です。その会社に勤める一般の正社員と比べて少しでも短ければ、パートタイムということになります。この労働時間というのは、大切なポイントです。パートタイムであっても、一般社員に比べて4分の3（75%）以上働けば社会保険に、週に20時間以上働けば定年前と同じように雇用保険に加入できるからです。

●社内での立場や呼ばれ方

定年後の再雇用では、その呼ばれ方もさまざまです。昔から「嘱託」という呼称がよく使われてきましたが、最近では「指導役」「調査役」「シニア社員」「シニアスタッフ」「キャリア社員」「サポート社員」といった呼称も目にします。

もちろん、これらの呼称は法律で決まっているわけではありません。また、同じ嘱託という呼称であっても、正社員同様に働いていたり、週に数時間勤務のパートタイムだったり、会社によって実にさまざまです。国の統計などでは契約期間の有無などにより、正規雇用労働者、非正規雇用労働者という呼び方をしています。

2 役員になることもある

めったにないことではありますが、定年を機に、もしくは定年前に役員就任の打診があるかもしれません。憧れの会社役員とはいえ、よいことばかりではありませんので、就任に当たっては慎重に判断してください。

●憧れの会社役員

名刺の魔力といいますか、名前の上に「取締役」などと付けば、何とも気持ちのよいものではないでしょうか。職業欄にも「会社役員」と書けるのです。ちなみに役員というのは通称であり、法的には取締役といわれます。

ところで、最近よく「執行役員」なる肩書きを目にしますが、これは取締役などから依頼を受けて、ある部門の業務責任者として仕事を任された人のことであり、社内における役職の一つです。取締役を兼務している場合は別ですが、法律上の立場は取締役ではなく社員です。

●「労働者」ではない会社役員

役員になるということは、基本的には労働者ではなくなるわけですから、法律で保護される部分がほとんどなくなります。たとえば、労働基準法上の保護、労災保険、雇用保険などは原則として適用されません。逆に、経営者側として責任を負わされることがあるため、覚悟が必要です。

憧れの会社役員にはメリット・デメリットがありますので、就任にあたっては十分に承知の上で判断してください。

65歳以降も働き続けるしくみ

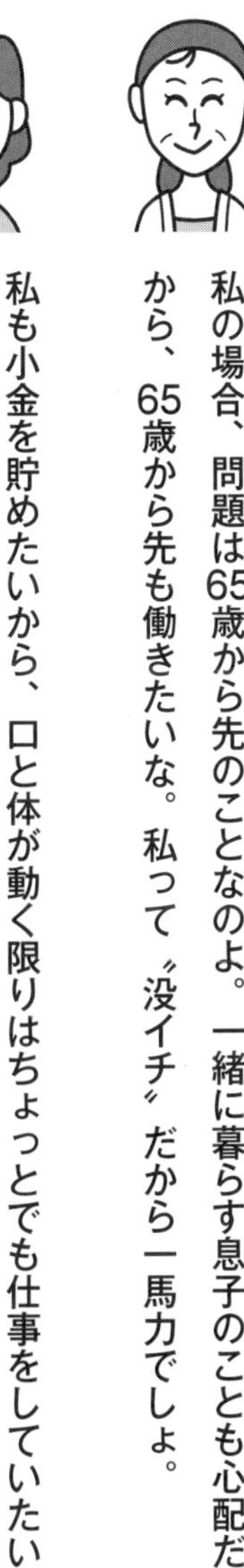

私の場合、問題は65歳から先のことなのよ。一緒に暮らす息子のことも心配だから、65歳から先も働きたいな。私って〝没イチ〟だから一馬力でしょ。

私も小金を貯めたいから、口と体が動く限りはちょっとでも仕事をしていたいし、お父さんには70歳くらいまでは働いていてほしいな。でも、どうも早く仕事を辞めて、田舎の実家に帰りたいようなのよ。お父さんにとっては故郷かもしれないけど、私は今のマンション暮らしが快適なのよね。

じゃあ、今度は65歳から先のしくみを詳しく説明しようか。

65歳までと65歳からでは、会社と働く人の立場が大きく変わります。逆転するといってもよいでしょう。65歳までは法律上の制約もあって、よほどのことがない限り働き続けられますが、その制約がなくなる65歳からは、会社が雇用の鍵を握るようになります。今後、70歳定年制などが法律で義務化されれば別ですが、現行では65歳という年齢は大きなポイントです。60歳からの立場は60歳までに決まるのと同じで、65歳からの立場は65歳時点で決まります。そして65歳以降に誰を雇用し続けるかは、基本的に会社の判断なのです。

1 就業規則の規定を確認する

雇用関係において就業規則は重要ですが、それは65歳以降でも同様です。ただし、65歳までと違い、誰を雇用するかについては会社の裁量権が大きくなります。

●就業規則に規定されていること

会社としては、65歳以降も雇用し続けるための根拠や理由が必要です。法律上は65歳以上の雇用義務がないとしても、就業規則に規定があれば、会社はそれに従うことになります。たとえば次のような規定です。

（定年）
第○条　社員の定年は満60歳とし、誕生日以後に到来する賃金締切日をもって定年退職とする。
2　前項にかかわらず、社員が定年後も継続して雇用されることを希望した場合には、全員を定年退職日の翌日より、原則として1年ごとの契約更新により、満65歳の誕生日以後に到来する賃金締切日まで再雇用する。
3　前項による再雇用期間が満了した者のうち、65歳以降も継続勤務を希望し、かつ会社が特に必要と認めた者は、さらに1年ごとの契約更新により特別に再雇用する。ただし、この場合でも原則として満70歳を上限とする。
4　第2項及び前項にかかわらず、第○条の退職事由及び第○条の解雇事由に該当する者は再雇用の対象から除く。

●65歳以降は「会社が特に必要と認めた者」が雇用される

65歳までは希望すればほぼ100％再雇用されたのと大きく異なり、65歳以降に誰を再雇用するのかは会社が裁量権を持ちます。では、どのような人が65歳以降も再雇用されるのでしょうか。

就業規則の規定例の3項目（第3項）にあるように、65歳以降の再雇用での雇用基準は「会社が特に必要と認めた者」というのがほとんどです。選考基準がさらに厳格に決められている場合は別として、多くは「残したい人か、残したくない人か」といった漠然とした基準になりがちです。

2 組織運営上の判断

就業規則の規定もさることながら、組織運営上の判断も雇用に影響を与えます。会社は時として、本人の希望に沿わない労働条件の提示や人事異動も行います。そしてまた、社員は基本的にはそれを受け入れ、従わなくてはなりません。

●会社は再雇用希望者の希望条件に応じる義務はない

高年齢者雇用安定法では、会社に対して、定年退職者の希望に添った労働条件で再雇用などの継続雇用をすることを義務付けてはいません。同法の規制が及ばない65歳以降は、なおさらです。仮に、会社が合理的な裁量の範囲で提示した条件に、再雇用希望者が応じなければ再雇用契約は成立しませんが、高年齢者雇用安定法違反にはならないとされています。

法律では、どこまでが会社の合理的な裁量の範囲なのかという規定はありませんから、争いが起きた場合は個別判断になると思われます。個別判断とは、たとえば裁判などを起こして判断を仰ぐようなことです。

●異動も受け入れる

会社は、配転、転勤、出向などの異動を行いながら組織の最適化を図っています。したがって、定年を機に、たとえば営業ライン職からスタッフ職、本社から支店勤務などへ異動になることもあり得ます。また、場合によっては関連会社への出向もあるかもしれません。

いずれも業務命令として行われます。業務命令にも一定の制約はありますが、特別な理由がない限り、社員はそれを受け入れ、従わなくてはなりません。

●病気や労災事故リスク

特に中小企業は人手不足ということもあり、65歳以降でも働く意欲があり、能力や知識を身につけた人を手放したくないものです。

しかし、今は社員に対する安全配慮義務や健康配慮義務が厳しく問われているため、会社も65歳以上の雇用には慎重にならざるをえません。私の事務所でもよく相談を受けますが、会社が最も心配するのは、病気や労災事故のリスクです。特に、土木や建築現場系の仕事は生命に関わることもあり、「現場で倒れてしまわないか」「運転中に事故を起こさないだろうか」といったことを心配しているのです。

65歳以降で乗り越えるべき3つのカベ

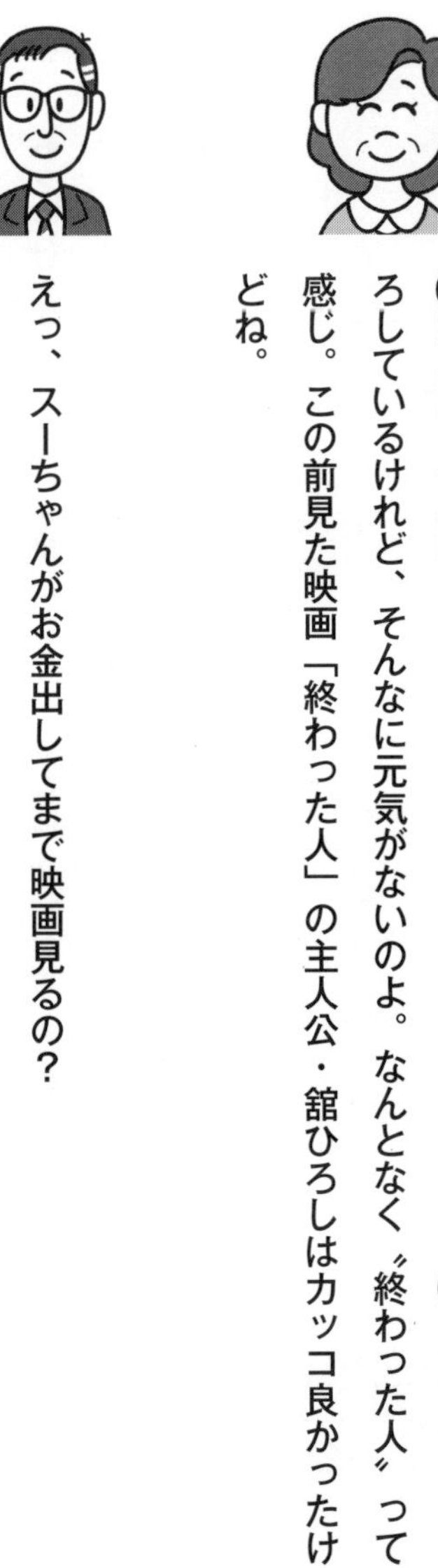

65歳以降も働き続けるのも、楽じゃないね。うちの会社にも60代の人がごろごろしているけれど、そんなに元気がないのよ。なんとなく〝終わった人〟って感じ。この前見た映画「終わった人」の主人公・舘ひろしはカッコ良かったけどね。

えっ、スーちゃんがお金出してまで映画見るの？

シルバー割、千円なのよ。

65歳以降もそこそこ元気に働く秘訣は、何かないの？　伍川くんは、会社の社長さんたちとよく話しているんでしょ。

確かに、会社からはよく高齢者雇用のご相談を受けるね。65歳以降も働く上では、心構えというか、乗り越えるべき3つのカベがあるんだ。

65歳以降の雇用において、会社の都合が優先されるのは当然ですが、雇われる側にも乗り越えるべきカベあります。中小企業であれば宿命ともいえる「経営者代替わりのカベ」、特に大企業にみられる「地位（ポスト）変わりのカベ」、そして「収入減少のカベ」です。

1　経営者代替わりのカベ

経営者の代替わりは、中小企業、とりわけオーナー会社特有のことかもしれません。先代とは同志のような関係であり、生涯現役のつもりでいたものの、代替わりとともに、状況がにわかに怪しくなることもあります。しかし時代の流れでもあり、雇われる側は立場をわきまえ、それに対応していくしかありません。

●代替わりへのくすぶる思い

先代社長が会長に、そして、その子が新社長に就任。中小企業では珍しくもない、ごく一般的な流れです。社員もそんなことは百も承知でしょう。

しかし、口には出さずとも「社長の息子というだけで」「先代には恩義があるが、息子は……」と思っていたり、昨日まで同僚のようにして接していた人が新社長になるということに、何かしら、くすぶるものがあるかもしれません。また、難しい横文字を並べたて、先代のやり方をことごとく変えようとするような新社長であれば、何となく反発を覚えることもあるでしょう。

●立場をわきまえる

こちらにも違和感があるでしょうが、それは新社長にしても同じことです。考えてもみてください。仮に新社長が40歳だとしたら、65歳は父親・母親のようなものです。自分ではあまり年齢差を感じないかもしれませんが、40歳の人からみれば、25歳も年上の社員は、確実に年配者なのです。昔話が多いとか、パソコンが使えないことを開き直るとか、やる事なす事が理屈抜きに煙たいことでしょう。先代の子飼いだとなおさらです。

どんなに長いこと勤めていようと、立場はわきまえておかなくてはなりません。相手を変えることはできませんので、自分が新しい環境に順応するように努力しましょう。65歳以降も同じ会社で働き続けたい場合には、これが一番大変かもしれません。

2 地位（ポスト）変わりのカベ

65歳以降の再雇用では、多くは役職が外れて一般社員になります。中小企業ではさほどではありませんが、大手企業では厳格に運用されています。65歳以降も気持ちよく働きたいのであれば、こちらからの歩み寄りが必要です。

●正社員から嘱託へ

定年後の雇用形態としては再雇用が多いと述べました。その場合の多くは役職が外れて一般社員になり、さらには正社員ではなく、いわゆる嘱託といわれるような立場になります。こうした転換は、大手企業ほど厳格なものですが、特に男性の場合は、この立場を気にする方が多いようです。

一方、中小企業、とりわけ30人以下くらいの規模であれば、そもそも社長以外はすべて同列ということが多いものです。そのため、仮に名刺用に立派な役職があったとしても、処遇面などで格差はさほどありません。

●年下の上司への気遣い

65歳以降であれば、当然、年下の上司が多くなります。役職定年制のある会社であれば、すでにその段階で経験した人もいると思いますが、つい数年前まで「○○」

と呼び捨てにしていた人が「○○課長」になるのです。

年下の上司としても、以前の先輩や上司が部下になるのは、やりにくいものです。加えて、モチベーションが低く、何かというと「俺はもう先がないから」などと後ろ向きの発言を繰り返し、新しいことに取り組もうとしない年上の部下は面倒なものだと容易に想像できるでしょう。代替わりの場合同様、再雇用で働く側が意識を変えるしかありません。

●言動・行動に配慮する

再雇用で嘱託となり、賃金も低下したとなるとモチベーションの維持も大変でしょう。しかし、同僚などから「○○さんがいてくれないと困る」と必要とされる人になるには、周囲の士気を削ぐような後ろ向きの言動は避けなければなりません。ため息や愚痴も極力控えたいところです。

また、相手が年下でも上司には敬語を使った方がよいでしょう。年長者の言動・行動は職場への影響力が大きく、その謙虚な物腰に心を動かされる人が必ずいるはずです。

3 収入減少のカベ

あくまで平均的な数字ですが、賃金などは定年前の6割程度に低下するようです。この現実に肩を落とす方も多いでしょう。しかし、65歳以降は年金も原則として全額受給できますから、トータル収入で考えると悲観する話ではありません。

●65歳以降は賃金が6割程度に低下する

厚生労働省「平成30年賃金構造基本統計調査」の年代別の賃金データを年収に換算すると、次のようなります。

「60～64歳」の年収は、年収が最も高い「50～54歳」と比べると、男性で64%、女性で77%です。また、「65～69歳」では男性が51%、女性が69%です。女性の低下率が少ないのは、そもそも「50～54歳」の年収額が男性の60%程度と低いからです。また、企業規模による格差も大きく、1000人以上規模に比べて10～99人規模では、「50～54歳」における年収は男性で57%、女性で72%です。そのため、元々の賃金額が高い人ほど、低下率が大きくなります。

なお、国税庁「平成29年民間給与実態統計調査」でも同じような傾向が見られます。私は日常的に多くの会社の賃金データを見ていますが、その感覚からしても、実態に近いと感じます。

●トータル収入で考える

ここまで年収の「平均」、つまり世間相場を年齢階層別や男女別に見てきました。しかし、実際に生活する場合に重要なのは平均ではなく、「自分自身の収入が今までとこれからでどの程度変わるか」ではないでしょうか。生活レベルは個人で異なり、それぞれの収入に見合った生活をしているからです。

確かに定年以降の賃金は減少しますが、65歳以降は年金が原則として全額受給できますから、それも含めたトータル収入で考えると、さほど悲観する話ではないことがわかるのではないでしょうか。

会社から必要とされる65歳を迎えるために

伍川くんの話によると、65歳以降は会社が選んだ人だけ雇用されるのよね。どんな人が選ばれるの？

働く意思と意欲があることを前提にすれば、健康と人柄だと思うよ。だからお局（つぼね）さんは厳しいよ、スーちゃん。

ちょっと、伍川くんは誤解しているようだけど、私はね、会社じゃ借りてきた猫みたいにおとなしいんだよ。それに、私たち夫婦は、健康にはかなり気をつかっているよ。毎日、セサミン、コンドロイチン、ルテイン、グルコサミンに

養命酒。

そうそう、今テレビではやたらと健康食品のＣＭが多いよね。オレも週に１日は休肝日にしているし、ビールというか発泡酒も糖質ゼロ、プリン体ゼロだよ。家内からは、そこまでして飲まないといけないかねと言われるけど。

会社に雇用の義務があるのは、基本的に65歳までです。再雇用、転職再就職に関わらず、65歳以降も働くことを希望するならば、会社から選ばれる必要があります。私は日ごろから会社経営者とお話する機会がありますが、「こんな人なら年齢関係なく雇い続けたい」「こんな人は勘弁願いたい」という人物像は、ある程度共通しているものです。

1 会社から必要とされる条件

今の法律では、65歳までの雇用は確保されます。しかし、法律の規制が及ばない65歳からは、会社で必要とされる人だけが働き続けられるのです。そういう意味では、65歳というのは職業人としての真価を問われる時でもあります。

60歳定年後に再雇用されたものの、役職から外れたり賃金が大幅に下がったりすると、気力や意欲を維持するのは大変かもしれません。しかし、65歳以降も働き続けたいのであれば、仕事で具体的な成果を出し、会社に貢献する姿勢を示す必要があります。

●65歳以降も必要とされる人とは

現実的には、65歳以上の人を雇用している会社は7割以上にのぼります。しかし、ある調査によると、65歳超え定年の義務化には半数の会社が反対しているそうです。これはつまり、「会社として必要な人は、年齢に関係なく雇い続けたい。しかしそうでもない人は、法律違反にならない年齢までしか雇用したくない」ということを意味します。

では、65歳以降も会社に必要とされるのはどのような人でしょうか。労働政策研究・研修機構が２０１６年に実施した「高年齢者の雇用に関する調査（企業調査）」に、65歳以降も働くことができる人の該当基準が集計（複数回答）されています。「働く意思・意欲があること」が58・9％で最も多く、「健康上支障がないこと」58・7％、「会社が提示する労働条件（賃金の低下を含む）に合意できること」45・２％と続いています。

つまり、会社としては働く意欲があり、健康で、賃金の低下を納得してくれる人であれば65歳以降も雇い続けたいと考えているようです。現に中小企業では、しくみの上では65歳までの雇用であったとしても、会社が重宝し手放さないため、身体が続く限り現役続行という人も珍しくありません。

●会社から必要とされない人の特徴

会社の方針に従わなかったり、新しい試みを拒絶するような人を、会社は65歳以降も雇う気にはなりません。会社から必要とされない、もっといえば会社から嫌われる人は、65歳を迎えると情け容赦なく雇用を打ち切られることになるでしょう。
たとえば、「できない」理由を並べ立てる、過去の自慢話が多い、自分で動かない、自分の殻をつくり同僚たちと交わろうとしないなど、会社から嫌がられる人には共通する特徴があります。自分の言動を省みて、気づいた点があれば今日からでも改善していきましょう。

●意欲が一番大切

65歳以降は、いわゆる嘱託などで再雇用となる人も多いでしょう。すると、労働時間や仕事の内容はあまり変わらないのに、賃金は以前の6~7割まで落ちてしまうかもしれません。これでやる気を出せというのは少々酷ではありますが、ここでいかに意欲を維持できるかが、会社から必要とされるかどうかの別れ道といってもよいでしょう。

もし今の会社でそのまま働き続けることを希望するのであれば、働く意欲を持ち、その気持ちを言葉や行動で表さなければなりません。さらには具体的な成果につなげ、会社に貢献する姿勢を示す必要があります。

2 そこそこの健康維持

今さら無理に健康体になる必要はありませんが、仕事に耐えられるくらいの健康は保っておきたいものです。そのためには、自分の健康状態を認識し、自分に合う健康対策に取り組みましょう。

●65歳だと病気の一つや二つは当たり前

私が雇用の現場で感じるのは、働く上で大事なのはそこそこに健康であるということです。そこそこに健康というのは、完全な健康体である必要はないということです。誰しも60年以上生きていれば、持病の一つや二つはあるでしょう。しかし、「一病息災」ともいわれるように、そのような人のほうが健康に気を付けるため、体調が安定するという見方もあります。

●自分の健康状態を認識する

以前、知人の医師から「一度も病院に行ったことがない人が健康であるとは限らない。単に病気に気付いていないだけかもしれないので、かえって危険だ」という話を聞きました。これは現状の正しい認識ができていないことを意味します。

物事は、あるべき姿（目標）と現状のギャップが問題点とされますが、まずは現状を正しく認識しないと問題点も浮かび上がらず、改善策も打てません。健康面においても、ある程度の年齢になったら会社の健康診断に加えて、念入りな人間ドックを受けたり、かかりつけ医を持つなどして、自分の心身の健康状態を把握しておく必要があります。これは、自分への投資のようなものです。

●自分に合った健康対策を

持病がある場合、その病気の内容にもよりますが、完治させることより病気とうまくつきあっていくほうが現実的です。酒やタバコといった嗜好品も、無理してやめるのではなく、健康を崩さないように気を配りながら、節度を守って取り入れていくほうが精神的には安定するのかもしれません。大切なのは、自分に合う健康対策を見つけ、自分のペースで取り組んでいくことでしょう。

2

【現役続行】

新たな会社に転職再就職する

定年退職後の転職再就職3つのパターン

あれ、今お店に入ってきた人、高校の同級生だった文武優くんじゃない？　この前の同窓会には来ていなかったよね。

あ、ほんとだ！　相変わらずカッコいいね。ちょっと声かけてみよう！　優くん、文武優くんでしょう？　私、同じ高校だった小金賀好代だよ。覚えてる？

うわっ！　久しぶり、偶然だね。３人とも昔と変わってないね。

相変わらずでしょう？　優くんは、今も上場企業に勤めているの？

それが60歳で会社辞めて、恥ずかしながら今はプー太郎してるんだ。辞めてしばらくはよかったけれど、その後はすることがなくて。退職金はだんだんと減ってくるし、四六時中、家にいるものだから、女房には煙たがられるし……。

伍川くんは昔からパッとしていなかったから今でも十分なんだけど、優くんは女子のあこがれの的だったから、驚きだわ。

辞めるときに一応、関連会社へ行くかどうか聞かれたんだ。でも、従業員10人の会社で、社長は、勤めていた会社で嫌われていた上司。とてもじゃないけど、「行きます」とは言えなかった。

あるある。亡くなった夫もそんなところにやられて、毎日「何で俺が……」って言っていた。あれが早死にした原因かも（笑）。

優くんは優秀だからもったいないよね。じゃあ、次は定年退職後の転職再就職について話そうか。

定年後に同じ職場で働き続けるのが難しい場合や、今までとは違う環境に挑戦したい場合は、新たな会社への転職再就職を検討することになります。新たな再就職先は、主には子会社・関連会社、その他関係会社、ハローワークなどの紹介による3つから探すことになります。

1 子会社・関連会社への再就職

定年後の転職再就職では、これが一番スムーズにいくのではないかと思います。しかし、立場的に優位な親会社から出向くため、一緒に働く人への配慮が必要であり、それが気持ちよく働くコツです。

●定年時のポストで決まる行き先

再就職先は、定年時のポストで決まります。小会社・関連会社にはそれぞれ格があり、受け皿であるポストにも、同じように格があります。送り出す会社としても、定年時のポストにふさわしい再就職先を準備します。ある程度の規模以上の会社になると、「この役職の人はここに」と決められていることも多いものです。

●口では歓迎、腹の中では……

親会社から小会社・関連会社への再就職となれば、一般社員ということは稀で、それなりのポストで迎えられます。部長職や、中には役員や社長として迎えられる人もいるでしょう。しかし、迎える側の会社には、自社採用でコツコツ頑張るも、一定以上の役職には就けない社員がいるかもしれません。「自分は苦労して親会社でやってきたから、今があるんだ。あなたたちは子会社に入ったのだから仕方ない」。あなたはそのような気持ちでも、迎える人たちには割り切れないものがあるかもしれません。口では歓迎していても、腹の中では「お手並み拝見」ということもあるのです。

●本社風を吹かせない

再就職先は、定年前に在籍していた会社より小さいのが一般的です。場合によっては、組織としての体をなしていないような会社もあるかもしれません。しかし、そこで「本社ではこうだ」などと本社風を吹かせてしまうと、入口の段階で人心は離れてしまいます。互いに気持ちよく仕事をするために、一緒に働く人への気遣いと配慮を心掛けましょう。

余談ですが、私の以前勤務していた会社で、親会社から来た人が「ここは会社のレベルじゃないな」と口にしたところ、それから社内で孤立してしまったことを思い出します。もちろん、本人は「だから改善しよう」といいたかったのでしょうが、子会社で働く身からすると、単に上から目線でバカにされたかのような気分を味わったのです。

2 その他関係会社への再就職

定年前の会社と再就職する会社の間には、資本関係はなくても、何らかの利害関係があります。再就職する人の役割も、ある程度明確です。それだけに、働きぶりは短期間で評価されます。

●利害が絡む再就職

資本関係はなくても、取引の関係で何らかの利害が絡む再就職をする場合です。今はあまり聞きませんが、銀行が融資先に定年2～3年前の社員を出向させ、その後そのまま出向先で社員として雇用されるようなパターンです。受け入れる会社としても、銀行マンの持つ見識、財務能力の活用や銀行とのパイプを強くできるというメリットがあります。

また、定年前の会社における勤務実績を評価されてのスカウトもあるかもしれません。いずれにしても、受け入れる会社もそれなりの成果を期待しての再就職になります。

●利害の切れ目が縁の切れ目も

定年前の会社における実績を評価されての再就職は、ある意味、入社前から具体的なノルマを設定されているようなものです。期待どおりの働きで当たり前、少しでも劣れば、1年間の雇用契約期間満了で、「お疲れ様でした」と退職もあり得ます。

また、会社同士の関係がこじれてしまうと、居づらくなることもあるでしょう。

●キャリアが重宝されることもある

高度な知識や技術を持つ人はとても重宝されます。中小企業独自ではなかなか蓄積できないノウハウ、いわゆる外部経営資源です。そのような人と一緒に仕事をすることで、組織が活性化し、ほかの社員にもよい刺激となります。人には向き不向きがあり、定年前の会社ではあまりパッとしなかった人が、再就職先の会社で、水が合うといいますか、頼りにされ、イキイキと働いていることも少なくありません。

余談ですが、ある医療機器販売会社に勤務していたKさんは、取引先の病院建て替えプロジェクトのために、56歳で出向しました。そこでの勤務実績を評価され、出向期間の2年を過ぎた後もそのまま病院へ転籍し、75歳まで事務長として勤務したといいます。

3 ハローワークなどの紹介による転職再就職

業種によっては高齢者歓迎の会社もありますが、3つの再就職先の中では、これが一番難しいかもしれません。ただし、心機一転、何のしがらみもなく転職再就職できるという利点もあります。多くはハローワークの紹介になると思いますが、産業雇用安定センターという公的機関や、民間の転職支援サービスの活用も考えられます。

●定年後は求人件数も激減

独立行政法人労働政策研究・研修機構が2015年1月に発表した「60代の雇用・生活調査」によると、再就職先が見つかるまでの期間について、「しばらく職探しをした」が76・0％に対して、「すぐに見つかった」は13・6％にすぎません。その理由は「すぐに職探しをせずゆっくりしていた」が50・8％で最も多いのですが、「とにかく求人がなかった」も30・7％にのぼります。

実際にハローワークへ行ってみると、厳しい現実を目の当たりにするでしょう。仕事の内容と賃金額はある程度妥協もできますが、年齢制限のカベに当たってしまい、応募できる求人件数の少なさに頭を抱えることになるのです。

今は年齢で制限をする求人は禁止されていますが、例外が認められています。その一つが、応募資格を定年年齢未満の人に限定することです。たとえば60歳定年の会社が、応募資格を60歳未満の人とする、65歳定年の会社が、65歳未満までとする場合です。これは大きな足かせとなります。

また、ハローワークが紹介する再就職先としては中小企業が多くを占めますが、そうした企業は応募者の立派すぎる学歴や職歴・経歴を敬遠しがちです。「長年大企業に勤めていた人が中小企業に馴染めるのだろうか？」と心配するのです。自分の経歴に自信がある方も、その立派な経歴が仇(あだ)となるケースもあることを覚えておいてください。

●産業雇用安定センターの活用

聞き慣れないかもしれませんが、各都道府県にある求職者と企業のマッチングを行う公的機関です。66歳以降も働き続けることが可能な求人情報を開拓・収集するとともに、その能力の活用を希望する企業等に人材を紹介しています。

たとえば、面接の受け方、求職活動の方法などに関するガイダンス、委託訓練・講習を利用した転職再就職に有利なスキルの取得支援もしています。ひと口でいうなら、求職者のキャリアやニーズなど個別事情に応じて、一緒に仕事探しをしてくれる機関です。

利用料は無料ですが、利用にあたっては65歳の誕生日までに登録が必要です。ただし、勤務先などを通しての登録には年齢制限がありません。

●しがらみなく働けるという大きなメリット

転職先での賃金などの処遇は、過去の経歴ではなく今の市場価値で決まります。起死回生の一発逆転満塁ホームランを狙うこともできる一方、再雇用の場合に比べて、賃金はさらに低くなる可能性も高いことを覚悟しなければなりません。60代の転職は若い頃に比べて厳しいのが現実です。一方で、同じ会社や子会社・関連会社等での再雇用に比べて、しがらみなく働けるという大きなメリットがあります。新しい環境に思い切って飛び込むことで、交友関係が広がったり、新たな知識や技能を身に付けることも期待できます。

余談ですが、私の同級生は40年近く勤めた警察を60歳で定年退職し、これまでと全く関係ない企業に転職したそうです。久しぶりに同窓会で見かけましたが、今までになくイキイキとしていました。警察という特殊な職務や組織の中でストレスもあったようですが、それから解放されたためでしょう。

「やばい会社」を見極める3つのステップ

僕は大学を出てからずっと同じ会社に勤めていたから、実のところ、世間の会社のことをよく知らなくて、不安なんだ。かといって、今さら前の会社に頼るわけにもいかなくて。意を決してハローワークに行ってみたけれど、これがなかなか思うような仕事がなくてね……。

そうよね。優くんは人がいいから、変な会社に入ったら大変よ。義兄が定年退職後に入った会社が、サービス残業、パワハラ・セクハラ何でもありの、スーパーブラック企業だったのよ。私は特売品の見極めは得意なんだけど、会社の見極めはちょっとなぁ……。

うちは小さいけれど、真面目な会社だと思う。伍川くんはいろいろな会社を知っているから、「やばい会社」を見極めるコツとか知っているんじゃないの？

社労士経験28年、この伍川蔵雲、いろいろな会社を見てきているので、やばい会社は何となく分かる。特売品の見極めはできないけどね。

世の中によい会社はたくさんありますが、そうでもない会社があることも事実です。子会社や関連会社への再就職と違い、新しい会社への転職では、会社のよしあしを自分自身で見極める必要があります。ここでは、①応募・面接、②内定・採用、③採用後2週間という3つのステップに分けて、「やばい会社」の見極めのポイントをお話しします。

1 応募・面接段階で分かること

60歳以上の求人数は少ないので、あまりえり好みはできませんが、求人票に記載された仕事内容や賃金額、面接時の雰囲気から、ある程度のことは読み取れます。

●仕事のイメージが分かりにくい求人票

求人票には会社の真剣さが表れやすいものです。特に、仕事内容は重要なポイントです。たとえば「営業全般」や「経理事務」といった記載だけで、仕事がイメージできるでしょうか。営業であれば、顧客は個人なのか法人なのか、個別訪問なのかルート営業なのか、ノルマや営業車の有無などによって、仕事内容は大きく変わってくるはずです。

しかし「やばい会社」ほど、具体的な仕事内容は記載せず、曖昧にしていることが多いのです。中には、社員募集としておきながら、実際は業務委託で仕事をさせられる違法な求人もあります。業務委託というのは会社との雇用関係ではありませんから、労働法関係の保護は基本的に受けられません。

●賃金の幅が大き過ぎる求人票

「基本給　15万円～30万円」。こんな会社は、まず信用できません。おそらく、こういった会社は面接段階でも具体的な賃金額の提示はしないはずです。へたすると、1カ月働いた後の給料日に初めて、基本給15万円だと分かることだってあり得ます。まさに、開けてビックリ玉手箱ならぬ給料袋です。

よく考えてみてください。海のものとも山のものとも知れない60歳以上の新入社員に、初任給を30万円も出す会社があると思いますか。求人を出してもなかなか応募者のない会社が、いわゆる「客寄せ」の発想で、払う見込みのない高給を記載することがよくあるのです。

●面接時の雰囲気に違和感がある

清掃業務などの高齢者歓迎の職種は別にして、「やばい会社」ほどスムーズに面接まで進むことが多いでしょう。面接で会社を訪問した際、社員が元気過ぎる場合は要注意です。元気過ぎるというのは、たとえば安い居酒屋チェーン店がやたらと大きな声を張り上げ、「いらっしゃいませ！」と接客するイメージです。また、自社のよい点ばかりを並べ立て、過剰にアピールするのにも違和感があります。

もちろん、社員が元気であったり、会社に優れたところがたくさんあることは大変結構なのですが、行き過ぎると不審に感じます。いわゆるブラック企業といわれる会社は、昔の軍隊みたいな雰囲気のところも多く、何となく社内にヤラセ感が漂っているものです。

2 内定・採用段階で分かること

内定・採用のハードルは、よい会社ほど高く、そうでもない会社ほど低いものです。そして、採用時に労働条件がキチンと提示されるかどうかは、極めて大きなポイントです。

●あっという間に採用が決まる

60代の新規採用というのは、会社にとっては一種の冒険です。応募者がどのような人なのか分からないからです。そのため、内定・採用は慎重に行うのが一般的です。

それなのに、面接から内定・採用までがバタバタとあっという間に決まるというのは、よほど気に入られたか、もしくは事情があって会社が採用を急いでいるかです。

もちろん、気に入られたのであれば大変喜ばしいことですが、会社の事情で急いで採用されたのであれば要注意です。人材が定着せず、すぐに人手を必要としているのかもしれません。若い人材が定着しないのも問題ですが、辛抱強いといわれる高齢者の定着が悪いのは、もっと問題です。

●入社日までに具体的な労働条件の提示がない

「やばい会社」は、会社が義務を負うような書類を作りたがりません。トラブルが起きた際に、不都合なことをうやむやにしたいからです。具体的には、遅くとも入社日までに労働時間や賃金などが記載された「雇用契約書」または「労働条件通知書」がもらえない場合は要注意です。

逆に、大企業であれ中小企業であれ、真っ当な会社は内定日までには労働時間や賃金などの労働条件を具体的に提示するものです。採用後に「こんなはずじゃなかった」とトラブルになるのを避けるためです。

● 最初から立派な肩書きが与えられる

仮に、部長の肩書きを与えられて入社することになったとします。定年前に役職に就いていた人にとっては、「自分もまだまだ捨てたもんじゃない」と、何となく心地よく感じるかもしれません。

しかし、ちょっと冷静になってそのような会社の意図を考えてみましょう。前職での勤務実績を正確には把握できていないはずの会社が、高齢の新入社員に立派な肩書きを与えるということは、常識的には考えられないことです。いわゆるブラック企業では、立派な肩書きだけ付けて管理監督者扱いにし、合法的かのように残業代なしで働かせ放題ということもあります。

3 採用後2週間程度で分かること

実際に入社し、働いてみないと分からないことも多いものですが、入社後2週間もすると、会社の雰囲気や勤務実態がつかめてくることでしょう。中でも、社員の定着率は会社のよしあしを見極める大きなポイントです。

●新人とベテランしかいない

「やばい会社」は、一握りのベテランと大多数の新人から構成されています。ベテランは筋金入りのブラック体質、もしくはあきらめムード。新人は、右も左も分からない新卒が大半を占めます。その多くの新人も、しばらくして会社の実態が分かると、一人二人と辞めていきます。そのため、中堅が育たず不在、中間層がすっぽり抜け落ちているのです。

その一方、「一致団結」「信頼経営」といった精神論的な社訓や、朝礼、社内の貼紙が多いのも、この手の会社の特徴です。そして、少々おかしいなと思いながらも、それを口にできない雰囲気があります。まるで、どこやらの国と同じです。

●健康保険証の番号が大き過ぎる

通常であれば、入社後10日程度で健康保険証が届きます。ここで確認したいのは健康保険証の番号です。社員数と会社の業歴に比べて、健康保険証の番号が不自然に大きい場合は、社員が頻繁に入れ替わっている可能性を示しています。主に中小企業が加入する協会けんぽ（全国健康保険協会）の健康保険証の番号は、退職者は欠番にして加入する社員ごとに新しい番号が振り出されるからです。

たとえば、社員数20人、業歴10年の会社で、自分の健康保険証番号が100だとすると、大まかに、10年間で社員が5回転したことになります。つまり、健康保険証番号は社員定着率の目安になるのです。また、入社後2週間を過ぎても、社会保険や雇用保険の加入手続きがなされていないような場合は、入社時の手続きがおろそかにされている可能性があり、こちらも注意が必要です。

「こんなはずではなかった」を防ぐ3つのポイント

2、3年前に先輩がハローワークの求人で再就職したけど、水が合わずに半年くらいで辞めたらしいんだ。それがトラウマになり、今でも再就職できずにいるって。この歳になって、会社とトラブルというのも心配でね。

そうそう、うちにもよその会社を定年退職した男性が入って来るんだけど、大きな会社で偉かった人や公務員だった人は、大変そう。うちみたいな中小企業は、大企業とは雰囲気も違うし戸惑うのだと思う。こういうのをミスマッチっていうのよね。

へぇー、ミスターなのにミスマッチ？

座布団一枚！　それはともかく、転職再就職の場合は前の会社とは異なる風土に馴染むのが大変なんだ。会社が60代の人を新規雇用するのに二の足を踏むのは、前職の感覚が抜け切らない人が多いからかもしれない。

いわゆる雇用におけるミスマッチです。特に、退職前の勤務先と規模が違うと、戸惑うことも多いものです。それを防ぐポイントは、まず労働条件を入社時にキチンと確認すること、今までの立場とは違うことを自覚すること、そして、自分が採用された理由を正しく理解することです。

1 労働条件を入社時にキチンと確認する

労働条件というのは働く上で大変重要なものですから、入社時にキチンと確認し、納得しておきたいものです。働き始めてからのトラブルを避けるためにも、できれば雇用契約書や労働条件通知書などの文書で受け取っておいたほうが安心です。

●入口での食い違いは修正が難しい

入社時というのは雇用関係における入口です。ここで双方の考え方が食い違っていると、後々修正しようとしてもうまくいきません。必ず労働時間や処遇などの労働条件をキチンと確認し、疑問に思った点や納得できない点があれば、入社前に話をしておきましょう。働き始めてから修正しようとすると大変な気合が求められます。特に65歳以上の再雇用では、「仕方なく雇っている」「渋々働いている」という消化試合的な雇用関係になるおそれがあります。

余談ですが、ちょうど夫婦関係に似ているのかもしれません。若い頃なら、合わなければさっさと別れて新たな人生を歩むことも容易でしょうが、歳をとってからだとそう簡単には踏み切れません。とはいえ、最近は熟年離婚も増えているようですが……。

●頼りになるのは紙に書いたもの

口約束というのは、「言った／言わない」の水掛け論になりがちです。私も家庭内ではよく使う手ではありますが、雇用関係となると話は別です。私は社会保険労務士という仕事柄、会社や働く人から口約束によるトラブルのご相談をよく受けます。そこでいつも思うのは、「紙に書いたものが一枚でもあれば」ということです。

約束事においては、どちらがよい悪いというより、そもそもどのような約束だったかが大切です。後々のトラブルを避けるためにも、できれば雇用契約書や労働条件通知書などの文書で受け取っておくと安心です。労働条件の食い違いによるトラブルは、お互いにとって消耗戦になります。最終的には役所などのご厄介になり、仮に法律上解決したとしても後味悪く、得るものは何もありません。

2 立場が変わったことを自覚する

退職前の勤務先でどんなに高い役職に就いていたとしても、新たな会社では一社員です。まずは、今までと再就職先での立場の違いを自覚しましょう。その上で、今までの延長線上で仕事をするのではなく、今の会社に新たに就職したという意識を持つことです。つまり、勤め人としての本籍地を早めに変更する必要があります。

●過去の栄光は過去のもの

これまで勤め上げた会社で、立派な経歴を積まれた方も多いことでしょう。中には、部長などの要職におられた方もいるかもしれません。そうした経験には敬意を示したいと思います。

しかし、スカウトなどの特別な例を除き、転職再就職するということは、過去の輝かしい栄光を退職によってリセットし、一から出直すということです。転職再就職の場合は、特に現在の市場価値、つまり、今何ができるかということが重要視されるのです。

●指示をするのではなく指示される人

これまで管理職として働いていた方は、部下に指示を出し、部下からホウ・レン・ソウ（報告・連絡・相談）を受け、それを基に意思決定をするのが仕事だったのではないでしょうか。しかし、一般社員として転職再就職したのであれば、立場は逆転します。指示をするのではなく、される人に、ホウ・レン・ソウを受けるのではなく、する人になったのです。今までの仕事の延長線上で考えるのではなく、仕事の進め方を大きく変えなければなりません。

●本籍地を変更する

勤め人にとって、在籍している会社というのは本籍地のようなものです。たまに、定年まで勤務していた会社のことを「うち」と呼び、再就職先で「うちではこうしていた」という人を見かけます。いつまでたっても、一時的に出向しているような感覚が抜けないのでしょう。

確かに、40年近く同じ会社に勤務すると、うまく気持ちの切り替えができないのも理解できます。しかし、再就職した以上、キチンと本籍地を変更しましょう。きっと、周りの社員は「うちって、どこの会社ですか？」と首をかしげているはずです。

3 自分は何のために採用されたのかを理解する

会社は、何らかの目的があって人を採用します。採用された側も、自分は何のために採用されたのかを認識する必要があります。その際、自分に求められている役割を果たすこと、自分の経歴を過大評価しないことが重要です。

●会社が求める役割とは

会社は、必要のない人を採用しません。採用するからには目的、つまり、任せたい仕事や役割があるのです。会社が60歳以上の新規採用者に求める役割は、主に一般作業員や事務職、管理部門の責任者、もしくは専門職のスペシャリストです。

一般作業員や事務職であれば、決められたことを、決められた時間内に、決められたとおりにやることが役割です。一方、管理部門の責任者や専門職のスペシャリストであれば、その会社で不足するノウハウを補うことが主な役割です。

あなたに与えられる役割は、もしかしたら現場的な仕事かもしれません。これまで管理職をしていた人ほど、慣れるまで結構しんどく、意識転換が必要になるでしょう。しかし、どんな仕事であれ、自分に求められる役割を果たして期待される成果を出すことが大切です。

●自分の経歴を過大評価しない

職務経歴書は、あくまで自己申告です。自分の立派な職務経歴書に悦に入った方もいるかもしれませんが、過大評価は禁物です。一般に経歴というのは、自分が考えているほど他人は評価していないものです。

「自分は立派な経歴の持ち主なので、こんな現場仕事では役不足だ」とか「自分の経歴からすると、もっと大きな役割を与えられるべきだ」などと思うこともあるかもしれません。しかし、あなたの仕事は、これまでの経歴ではなく、現在のあなたの市場価値や実力から決められたものなのです。

転職再就職先での人間関係づくり

実はこの前、面接を受けた会社があるんだ。女性中心に30人くらいの会社なんだけど、よい感触で、採用してもらえそうな感じがするんだ。採用された場合の注意点を教えてくれる？

やっぱり、まずはその会社の社員さんたちと人間関係をつくることじゃないの。特に小さな会社は、人間関係さえできれば8割はうまくいくよ。

そうそう、人間関係よ。優くんは頭いいし、カッコいいから大丈夫。でも能力が高いから、はじめのうちは爪を隠しておいたほうがいいかもね。そうすれば、優くんの魅力はグンと高まるよ。それに、入社日にはお菓子でも持って行けばバッチグー。気持ちだけじゃダメよ、物がないと。

今どきバッチグーなんて言うのは、スーちゃんくらいのもんじゃないの？ それはともかく、確かに二人の言い分にも一理ある。自分も含めて中小企業の経営者や社員には、優くんのようなエリートを敬遠する人もいるからね。じゃあ、再就職先での人間関係づくりの秘訣を話そうか。

雇用関係は、人と人との関係です。確かに、法律や雇用契約書も重要ですが、それは良好な人間関係があってこそです。そのためにも、入社日の第一印象、再就職先における社風の尊重、そして会社行事を通じてつくる体験や思い出の共有が重要になります。

1 第一印象を大切に

第一印象が大切だと頭で分かっていても、60歳を過ぎてそう簡単に印象を変えることはできませんよね。まずは最低限のこととして、清潔な身だしなみと笑顔を心がけましょう。さらに、入社日に手土産の一つでも持参してはどうでしょうか。簡単なことですが、これが意外と好感度を上げるのです。

●清潔な身だしなみと笑顔で

人の第一印象は初対面から2~3秒で決まるといわれていますが、その判断材料は見た目が9割だそうです。しかし、見た目が9割といわれても、60年以上生きてきた持ち味を、今さら劇的に変えることなどできません。

まずは最低限のこととして、身だしなみを清潔に整え、そして笑顔で挨拶しましょう。これだけで、人は悪い印象を持たないものです。

●挨拶は簡潔に

入社初日には、これから一緒に働く人たちの前で挨拶をすることもあるかもしれません。その際、立派な経歴を長々と並べた自己紹介をすればするほど、「なんだか偉そうな人ね」と距離を置かれてしまいます。

私も含めて、60歳過ぎのオジサン・オバサンが新入社員として入ってくれば、職場で一緒に働く人たちは少なからず違和感を持つはずです。それに加えて、自慢話をする面倒な人、という第一印象を与えてしまうと、最初から職場で浮いた存在となりかねません。無理に面白おかしく話をする必要はありませんので、簡潔で親しみやすい挨拶を心がけましょう。

●手土産を持参する

簡単に好印象を与えられるもの、それが手土産です。そう高価なものである必要はなく、菓子折り一つで十分に場が和むでしょう。持参したお菓子は「どうぞ」と手渡され、職場の人の口に入ります。言葉だけでなく、実際に口を動かして食べることで、「気配りのできる人だな」などと好印象を残しやすいものなのです。

なお、手土産は個装されたものを選びましょう。また、一口に菓子折りといっても職場の年齢構成などによって好まれる物も変わってきますので、そのあたりも考慮すると心遣いがいっそう引き立ちます。

2 周りに頼り、溶け込む

転職再就職で入社した人が優秀な経歴の持ち主であればあるほど、よそよそしくされやすいものです。そこで、あえて社員の皆さんに頼る姿勢で臨めば、親近感を与え、職場に溶け込みやすくなります。

●社風を尊重する

会社には独自の社風や企業文化があります。会社の成り立ち、職場の雰囲気、社員層、顧客層、仕事の進め方など、それまでに勤めていた会社とは当然異なることでしょう。企業規模が違えばなおさらです。

カルチャーショックを受け、思わず「これはおかしいから、こうすべきだ!」と声を上げたくなることもあるかもしれません。しかし、第二の人生を託す職場として選び、ご縁があって入社した会社です。「郷に入れば郷に従え」の気持ちで、まずは社風を理解し、尊重する気持ちが大切です。

●「教えてください」が潤滑油

「実るほど頭の下がる稲穂かな」ということわざがあります。優れた人物になればなるほど謙虚になるものだ、という意味です。知識や経験の豊富なあなただからこそ、一歩下がって「教えてください」の姿勢も必要です。もちろん、相手が年下であろうと同様です。

逆に「これくらい知ってるよ」という態度をとると、たとえ悪気はなくても、相手は上から目線の物言いに拒絶感を抱きます。「教えてください」と周りを頼るひと言が潤滑油となり、職場に溶け込みやすくなるのです。

●まずは自分から相手を信頼する

同じ職場で働くことになった人たちとは、最初は基本的にはお互いに信頼関係ゼ口、場合によってはマイナスからのスタートかもしれません。信頼関係を築く上で重要なのは、相手から信頼される前に、まずはこちらから信頼することです。口先だけのお世辞や社交辞令などは、すぐに相手に見破られますので心得ておきましょう。

3 体験を共有する

会社行事は転職再就職先の社員と人間関係を深める絶好の機会ですから、都合がつけば積極的に参加したいものです。みんなで同じ体験をして、思い出を共有しましょう。

●仕事以外の会社行事にも積極的に参加する

以前と比べたら少なくなりましたが、社員同士のコミュニケーションを図る目的で、忘年会、慰安旅行、スポーツ大会などの行事が開催されることもあるでしょう。都合がつくのであれば、積極的に参加したいものです。

こうした仕事以外の行事に参加することで、普段はなかなか話をすることができない人と交流を深めたり、共通の趣味の話に花を咲かせることもできるかもしれません。そして何より、こうした行事に参加したという体験を共有することが、若い世代とのギャップをいくらかでも和らげることにつながるのです。

●仕事だけだと人間関係が深まりにくい

たとえば、こんな経験をしたことはありませんか。研修会や会議で席が隣り合わせになった人と、日中はビジネスライクな話しかしなかったのに、その後の懇親会で食事を共にしたら、急に関係が深まり仲よくなったというようなことです。

仕事だけの付き合いは、どうしても形式的になりがちです。まして、60歳を過ぎて入社してきた人には遠慮もあって周りも近寄りがたく、なかなか親しくなれないものです。ところが、同じ場所で同じものを一緒に食べるなどの共通の体験をすると、一気に打ち解けることもあるのです。

余談ですが、私が会社員だった頃、勤務先が全社で朝清掃をしていました。あれも部門間の垣根を越えたコミュニケーションの一環と考えれば、有意義だったと思…………

います。同じ時間帯に、老若男女、立場関係なしに「社内をきれいにする」という共通目的のもと、同じことをすることに意義があったのです。

…………

3

【現役続行】

独立創業する

60代の独立創業で押さえるべき3つのポイント

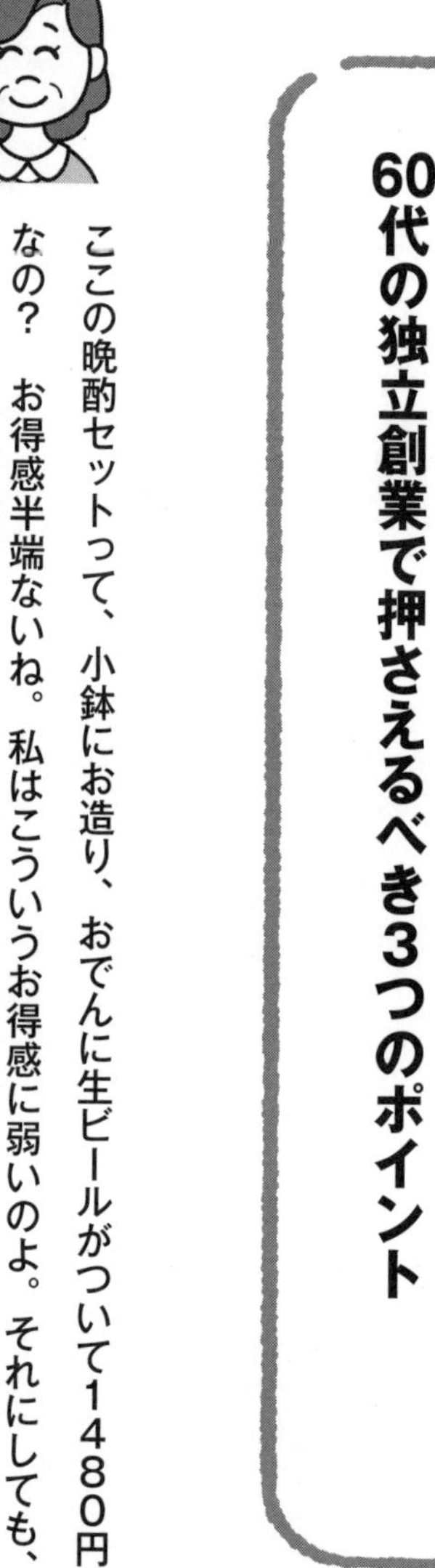

ここの晩酌セットって、小鉢にお造り、おでんに生ビールがついて1480円なの？　お得感半端ないね。私はこういうお得感に弱いのよ。それにしても、奥さん美人ね。伍川くんが通うわけだ。

福岡県八女市出身、あの黒木瞳と同郷で、サスペンスドラマでよく見る女優の眞野あずさに似ているでしょ。背もすらっとして。大将とは一回りくらい歳が離れているんだ。うらやましいよな。

へぇ、そうなの。私たちだって背は足りないけど横幅じゃ負けてないから、体積は同じよ。ところで大将、開業する時、奥さんに反対されたでしょ。

いやいや、うちは反対で、女房のほうが乗り気でした。開業以来二人でやっていますが、今年で5年目です。ご覧のようにカウンター4席、テーブルが8席、12人で満員御礼ですよ。おかげさまで、売り上げもボチボチってとこですね。

今の会社で働き続けても新たな会社に転職再就職しても、結局は雇われの身じゃない。私、実は惣菜屋さんみたいなのがしたいのよ。結構繁盛すると思うんだけどな。

2017年版中小企業白書によれば、60歳以上の独立創業者は増加傾向にあります。独立創業に際して、自分は何をしたいのか、自分に何ができるのかを確認することの重要性はいうまでもありません。それに加えて、協力してくれる家族の理解を得ること、事業（ビジネス）を行う時間（年数）をあらかじめ決めておくことは、押さえておくべきポイントです。

1 何をしたいかを明確に

60代の創業は、若い頃に叶わなかった夢を実現させるという方も多いようです。その思いは大切ですが、具体的な事業として何をしたいのか、事業として成り立つ見込みはあるのかを明確にすることは、もっと重要です。

●独立創業のメリット

独立創業のメリットは、何といっても自分の好きな仕事を思う存分できることでしょう。再雇用や転職再就職と違い一国一城の主になるわけですから、やりがいはその比ではありません。

さらに、自分のペースで働き続けられることも、創業の大きなメリットです。再雇用や転職再就職の多くは、雇用の上限年齢が決められています。つまり、定年のない会社でない限り、いずれは退職せざるを得なくなり、もしその後も働き続けたければ、その時点でまた仕事を探さなくてはなりません。

●これまでの経験や人脈が生きる

60代で創業すると、会社員時代に培った技術や技能、知識などの豊富な経験と人脈を生かすことができます。また、社会的信用が高まるのもこの年代ならではです。

これは若い頃の独立創業にはない長所であり、お金では買えない大きな財産です。

若い頃の夢を叶えるために、これまでとは全く違う業界に飛び込むこともあるかもしれませんが、経験や人脈は何らかの形で役に立つことでしょう。

●「創業計画書」が書けるか

しかし、あまり軽々しく独立創業するわけにもいきません。事業を起こすわけですから、「自分は何をしたいのか」「自分に何ができるのか」をしっかり考え、具体的な計画を立てる必要があります。

「創業計画書」とは、思い描いた事業をいかにして実現していくかを表したものです(日本政策金融公庫『創業の手引き』より)。盛り込む内容としては、事業の目的やコンセプト、商品・サービスの内容や特徴、ターゲットとする顧客の特徴、必要な運転資金の額、創業後の収支予測などです。コンセプトというのは、簡単にいえば、誰に（顧客）、何を（商品・サービス）、どのように（方法・手段）提供するかということです。頭の中では素晴らしい計画を思い描いている方は多いのですが、それを書面にするのはなかなか難しいものです。これを自分で書けるかどうかが、大きなポイントです。

2 家族の理解を得られていること

独立創業というのは会社勤めと違い、よいことも悪いことも、結果はすべて経営者自身に跳ね返ってきます。そして、それは家族にも影響を与えるため、家族の理解は必要不可欠です。

●家族の理解と協力なしに事業は成り立たない

独立創業で大切なのは、家族の理解と協力です。協力とは、事業に直接関わってもらう場合だけに限りません。仕事を終えて帰宅し、一日の話を聞いてもらうだけでもほっとするものです。何かのとき親身になってくれるのは、やはり家族をおいてありません。

また、独立創業には大切な虎の子を投入するわけですから、家族の生活にも少なからず影響を及ぼします。事業に万一のことがあった場合の対応などは、事前に家族と十分に話し合い、理解を得ておく必要があります。

●すべての責任は経営者が負う

独立創業すると、会社員のときは会社が当たり前にやってくれていた税金や社会保険の手続きも自分でする必要があります。また、病気で寝込んでも、代わりに何とかしてくれる人はいません。さらには、すべての経営判断を自分で下さなければなりません。経営者になれば宮仕えの辛さはありませんが、相談して判断を仰ぐ人がいないというのも心細いものです。

仮に事業に失敗し、借金を抱えたとしても自己責任です。独立創業と雇用されることの最も大きな違いは、責任の取り方です。たとえば、勤務先の会社が倒産しても、従業員が金銭的な責任を負うことはありません。それどころか、もし未払いの賃金があれば国が立て替え払いをしてくれる制度があるくらいです。

一方、独立創業して経営者になれば、金銭的、法律的、道義的責任のすべてを負わなくてはなりません。その責任は、時に家族にも及びます。ですから、独立創業には覚悟が必要です。経営者になるとはそういうものなのです。

3 事業を行う時間をあらかじめ決めておく

60代の独立創業で理解しておきたいのは、30代や40代とは違い、事業を継続できる時間に限りがあるということです。少々寂しい話ではありますが、現実から目をそらさず、次の点を心得ておきましょう。

●大きな投資は避け、小規模・低リスクで始める

若い頃と違い、60代の独立創業は時間が限られています。長期的な計画を立てて事業をどんどん大きくしていくという青写真を描くよりは、大きな投資は避け、小規模・低リスクを目指したほうが確実かもしれません。

私の周りにも、定年退職後に60代で独立創業した方がたくさんいます。そのほと

んどは、定年前のノウハウを活かした創業です。商工会議所職員ＯＢで仲間と街おこしの会社を立ち上げたＫさん、コンサルティング会社ＯＢで同業種の会社を創業されたＴさん、電気設備工事会社ＯＢで同業の会社を創業されたＫさんなどですが、皆さん、小規模ながら堅実な経営をされています。

●自分の引き際は心得ておく

会社勤めと違い定年がない分、自分の引き際は心得ておきたいものです。何歳頃まで続けるのか、自分が引退するときに事業をどうするのかという大体の計画は持っておいたほうがよいでしょう。

事業が順調にいけば、後継者に引き継ぐことも考えられます。若いパートナーとの連携も必要になるかもしれません。そうしたことをあらかじめ念頭に置いて、事業計画を考えておく必要があります。

また、経営者となった以上は、自分の健康が事業の業績を支えているという自覚を持ちましょう。残念ながら体力は年齢とともに衰えていきますが、事業を継続させていくためにも、自分の老いと上手に付き合い、健康を保つ努力が欠かせません。

個人経営と法人経営はどこがどう違うのか

それにしても、あの伍川くんが「社長さん」だからね。

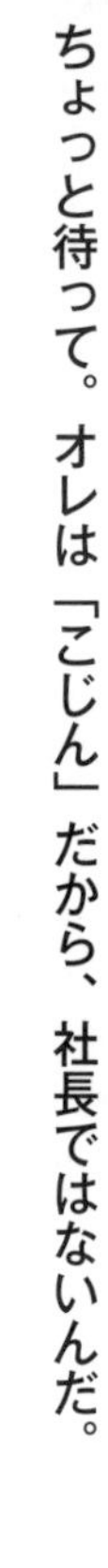

ちょっと待って。オレは「こじん」だから、社長ではないんだ。

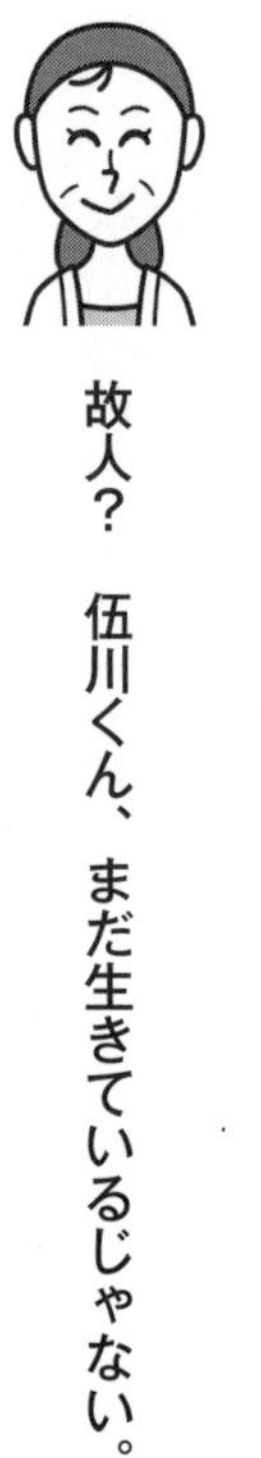

故人？　伍川くん、まだ生きているじゃない。

オレが言っているのは、「個人」か「法人」かということだよ。

またまた「ほうじん」なんて難しいこと言って。私たちに分かるのは、人参と「異邦人」、久保田早紀ね。歌ってあげようか。

遠慮しとく。オレが言っているのは、個人経営と法人経営という、事業を行う場合の基本的な形態のことなんだ。もちろん「けいたい」といっても、携帯電話じゃないよ。

独立創業して事業を行う場合の形態には、個人経営と法人経営の二つがあります。個人経営は、事業自体が代表者そのものです。法人経営は、株式会社などの会社組織であり、その代表者がいわゆる社長といわれる人です。ここでは、この二つの違いを大まかにお話します。

1 個人経営と法人経営はどう違うのか　～創業時～

事業の形態には、大きく個人経営と法人経営があります。事業を行うこと自体にはそう大きな違いはありませんが、創業手続きが大きく異なります。

●個人経営と法人経営の違い

まず、個人経営の説明をしましょう。たとえば、私は個人「伍川蔵雲」として社会保険労務士という事業を行っていると同時に、事業に出資している「出資者」であり、経営をしている「経営者」でもあります。つまり、一人三役です。当然ですがこの三役は同じ人間ですから、伍川蔵雲が死亡すれば事業も終了です。

一方、法人というのは、法律によって人間と同じように、権利を得たり義務を負ったりすることが許された法律上の人のようなものです。一般的には株式会社などの会社組織で、その代表者がいわゆる社長といわれる人です。個人経営と違い、形式的には社長は法人から経営を任された人であり、法人＝社長ではありません。そのため、仮に代表者が死亡しても法人自体はなくなりません。

●創業手続き

個人経営は、始めようと思えば今日からでもすぐに始められます。基本的には法律に反しない限り何でもでき、いつでもやめることができます。手続きも簡単で、手間も費用もあまりかかりません。

一方、法人経営の場合は法務局という役所への登記が必要です。登記とは、会社名、住所、代表者名、法人として行える事業の範囲などを、決められた様式により法務局に登録することです。もちろん、登記された内容に変更があった場合は、変更の登記が必要です。個人経営に比べると手間と費用がかかります。

●個人経営と法人経営の割合は4対6

経済産業省の統計によると、日本には現在、約534万の事業所があり、その内訳は個人経営が約4割、法人経営が約6割です。経営者も含めた従業者数の規模では、全事業所の約6割が4人以下です。また、約2割は1人事業所です。

余談ですが最近、フリーランスという言葉をよく耳にしますが、これは特定の企業や団体・組織に属さずに都度契約を結んで仕事を請け負う個人経営の一つです。似たような響きの言葉に、フリーターというのがありますが、こちらは雇われてアルバイトで働く人たちであり、会社と雇用関係がありますのでフリーランスとはまったく別のものです。

2 個人経営と法人経営はどう違うのか　~事業活動中~

事業の内容が同じであっても、個人経営と法人経営では社会的信用をはじめ、税金や社会保険などで大きな違いがあります。

●社会的信用

一般的には、法人経営のほうが社会的信用は高いといえるでしょう。個人経営は特別な創業手続きは必要ありませんが、法人経営は法務局に法律で決められたことを登記しておくことが求められ、登記内容は請求すれば誰でも見ることができます。そのため、個人経営に比べたら経営の透明性が高いといえるからです。

また、事業を大きくする場合や取引先の開拓などには法人経営のほうが有利であることが多く、取引の条件として法人経営であることを求められる場合もあります。

●税金

収入が少ないうちはあまり変わりませんが、一定以上の利益があがると、法人経営のほうが節税効果が高くなります。利益とはいわゆる儲けであり、節税効果とは、合法的に納める税金が少なく済むことです。なぜなら、社長として受け取る給料を会社の経費として計上でき、その分会社の利益が少なくなるため、結果として会社の納める税金が少なくなるからです。

個人経営は事業が経営者自身ですから、給料というものはなく、最終的な利益が給料のようなものです。

●社会保険・雇用保険

個人経営と法人経営では加入の取り扱いが大きく異なります。個人経営では、代表者は社会保険・雇用保険に加入できません。ただし、雇われた社員は原則として社会保険・雇用保険に強制加入です。ちなみに、私は社会保険労務士事務所を個人経営していますが、事務所内で私だけ社会保険・雇用保険には加入できません。

一方、法人経営では、経営者は会社という法人に雇われているようなものですから、社員と同様に社会保険には加入できます。というより、法人経営であれば法的に強制加入となります。ただし、経営者は雇用保険に加入できません。

3 個人経営と法人経営はどう違うのか　～事業終了時～

創業と同じくらい重要なのが、事業のたたみ方です。事業の終わり方には、①他者（もしくは他社）に譲る、②廃業する、③経営者が死亡する、の3つのケースが考えられます。一般的に事業を始めやすいのは個人経営、終わらせやすいのは法人経営です。

●他者（他社）に譲る

事業を他者に譲りやすいのは、法人経営です。所定の手続きは必要ですが、会社という器と経営者という中身が分離しているため、会社はそのままに、経営者だけが変わればよいからです。また、会社そのものを別の会社に売却するという選択肢もあります。今は後継者不足なので会社を譲りたい人も多いものです。独立創業を考えたとき、そのような会社を買うという選択肢もあります。

一方、個人経営は会社と経営者が同じですから、他者に譲るとなると少々わずらわしい手続きが必要になります。

●廃業する

実は創業よりも廃業のほうが難しいのです。廃業するとなると、その時点での貸し借りを清算する必要があるからです。貸しはともかく借りの清算はなかなか難しく、個人経営であれば代表者がすべての責任を負うことになります。

法人は会社と社長個人の財産が区分されていますので、個人として出資した範囲だけ責任を負います。ただし、一般的には社長個人が会社の保証人になっていますので、会社が弁済できない分は、社長が個人で弁済をしなくてはなりません。つまり、小規模の会社であれば、ほぼ個人経営と同様の責任を負うことになるのです。

●経営者の死亡

個人経営は経営者の死亡と同時に終了となります。銀行口座も即座に凍結されます。事業用の店舗や設備なども個人の資産と区別されませんので、事業用の資産を含めた相続手続きが必要となります。仮に事業を引き継ぐ人がいたとしても、新たに創業するときと同じ手続きが必要になります。

法人経営は経営者が死亡しても会社自体はなくならないため、誰かに譲ることで事業を継続させることができます。また、法人名義の財産は個人の相続には関係ありません。相続の対象となるのは、経営者が会社に出資した代わりに所有していた会社の株式などです。

独立創業時に必要な手続き

ハイボールお願いします！　ビールは尿酸値が上がるから、２杯目はこれなんだ。これでも健康には気をつかっているんだよ。

亡くなった夫もそんなこと言ってたけど、そこまで気にして大変ね。創業するとなれば、何だかんだ手続きがあって大変なんでしょ。

私も始める時に保健所の「飲食店営業」許可を取りましたよ。ここに貼ってあるこれですよ。税務署にも届けを出したし。実際は、伍川さんや知り合いの専門家に頼みましたけど。それに、開店挨拶状配りは女房とフル回転でした。

伍川くん、結構役に立っているじゃない。ついでに、創業時の手続きを私たちにも分かるように話して。それと奥さん、生、おかわりお願いします。

よく見ると、スーちゃんってビア樽みたいだね……。

個人経営でも法人経営でも、事業を始めるとなるとさまざまな手続きが必要になります。大きくは役所に届け出る許認可関係と、営業関係の手続きです。いくら事業の中身が優れていても、正しい手続きを踏んでいないと違法ということになります。また、営業活動は最初が肝心ですから、漏れのないように準備しましょう。

1 税金、社会保険関係などの届出や許認可手続き

法人経営であれば登記が完了してから、税務署、年金事務所などへの手続きや、業種によっては許認可手続きが必要になります。これらはパソコンでいえばソフトウェアのようなものであり、この手続きを踏まないと事業が動きません。

●税務署などへの手続き

所得税や消費税など、納税手続きがあるため、税務署へ届出や申請が必要になります。また、住民税や事業税の申告納付のために、税務署と同時に都道府県税事務所と市区町村にも届出や申請をしなければなりません。どちらの場合も個人経営と法人経営では届出書類が異なり、それぞれ提出期限が定められています。

●年金事務所などへの手続き

社会保険とは健康保険と厚生年金保険になります。加入手続きは年金事務所で行います。

個人経営では、代表者である個人事業主は健康保険・厚生年金に加入できないため、市区町村役場で、国民健康保険と国民年金（60歳以上は原則不要）の加入手続きを行います。

●労働基準監督署などへの手続き

社員（パート、アルバイトを含む）を雇った場合には、労働基準監督署などへの手続きも必要になります。労災保険は労働基準監督署、雇用保険はハローワークで手続きをします。保険関係以外にも、場合によっては労働基準監督署へ時間外労働の協定（36協定）、就業規則の届出なども必要になります。また、新たに社員を採用する場合は、ハローワークに求人票を提出して募集することもあります。

●必要な許認可手続き

許認可というのは、役所が行う許可、認可、認定、免許、指定などを総称した一般的な呼び方です。一般の人が原則として禁止されていることを、一定の衛生水準や技術水準などを満たしている場合に許認可されるものです。原則禁止されていることを例外的にやらせてもらうわけですから、それなりに制約を受けます。

たとえば、飲食店営業の場合は保健所の許可、警備業の場合は公安委員会の認定が必要です。必要な許認可を受けずに行うと、どんなに素晴らしい事業であっても違法になります。

2 営業上の手続き

法律の手続き以外にも、銀行口座の開設や、名刺や封筒のような事務用品の準備など、営業上の手続きも必要です。また、独立創業当初は同級生や親戚などを頼りがちですが、これはほどほどにしておいたほうがよいでしょう。

●銀行口座の開設

事業用の銀行口座は、個人経営にも法人経営にも必要になります。特に法人経営の場合は、法人と代表者本人は別ですから、法人名義の口座を作らなければなりません。通常、法人の銀行口座開設に必要な書類は、登記事項証明書（登記簿謄本）、定款、代表取締役の印鑑証明書、会社実印、銀行印などです。あらかじめ、銀行に必要書類の確認をしておくとよいでしょう。

銀行もおかしな会社とは付き合いたくないので、口座開設にあたっては必要な審査を受けます。その審査に耐える心構えも身につけておきましょう。

●事務用品の準備

事業を行うとなれば、それなりの体裁を整えなければなりません。たとえば、関係先に挨拶回りをするのには名刺が必要となりますし、社名を印刷した封筒も用意しておくと便利です。さらに、業種にもよりますが、電話とファクスは別回線（番号）を手配したほうがよいでしょう。

事業開始当初は何かと出費が多いため、名刺や封筒などの事務用品にかけるコストを抑えたくなる気持ちは分かります。しかし、顧客や取引先が手にするこうした物品が、意外と会社の印象を左右することもあるのです。第一印象の9割が見た目で決まるというのは、事業でも同じです。出だしで不信感を与えてしまうと、今後の取引につながるチャンスは訪れません。

●独立創業の挨拶状を差し出す

営業開始の具体的な日程が決まったら、これまで仕事でお世話になった方、同級生や親戚などに独立創業の挨拶状を差し出します。内容は、前職在職中のお礼と、自分がどのような思いで、どんな事業を創業したのかを簡単に盛り込みます。必要以上に「仕事を紹介してください」などと書くのは考えものですが、「お近くにお越しの際は、ぜひお立ち寄りください」などと結ぶとよいでしょう。

独立創業について相談できる公的な機関・専門家

独立創業するもの大変ね。そのあたりの相談に乗ってくれるところはないの？もちろんタダで。

ここの大将も利用したようだけど、今は国も創業に力を入れているから相談窓口も充実しているよ。

お店を借りるのも結構大変でしたし、業界の事情など分からないことばかりだったので助かりました。やはり餅は餅屋、飲み会は「ふるさと」ですかね。

大将ったら、しっかり営業してる。友だちに聞くと、無責任に「ああだ、こうだ」言うけれど、やっぱりキチンとした公的機関や専門家に聞いたほうがいいのね。

卓球！　いやピンポン！　スーちゃんもたまにはまともなことを言うね。それじゃあ、独立創業の相談に乗ってくれる主な公的機関と、手続きなどを代行してくれる専門家について話すよ。あいにく、専門家はタダじゃないけどね。

独立創業について相談できる公的機関は、主に3つあります。また、有料にはなりますが、具体的に必要な手続きのアドバイスや代行をしてくれる専門家制度があります。独立創業というのはあくまで自分自身の意思に基づき行うものであり、自立が大原則ですが、公的機関や専門家に第三者の立場で客観的に創業計画を見てもらうことも重要です。

1 独立創業の相談ができる公的な機関

創業について相談する相手はさまざまですが、ここでは主に3つの公的な支援機関について紹介しましょう。相談料は基本的に無料で、有利な融資制度や補助金制度などを紹介してくれます。実際に出向き、相談することになります。

●商工会・商工会議所

商工会・商工会議所は昔からある団体なので、ご存じの方も多いのではないでしょうか。商工会は主に町村に、商工会議所は市部にあります。会員である商工業者に対して、「経営指導員」といわれる職員が経営や金融などの相談に応じてくれる身近な相談機関です。私も創業当初より入会しています。

もちろん、入会して会員になるかどうかは任意ですが、その地域の経済事情などに精通しているのでお付き合いしておくと何かと助かります。創業セミナーなども開催していますので、独立創業前に一度訪ねてみるとよいかもしれません。

●都道府県等中小企業支援センター

中小企業庁の傘下にあり、創業の検討、経営上の課題、資金調達などに関する各種相談に応じる相談支援機関です。都道府県等中小企業支援センター、中小企業・ベンチャー総合支援センターには電子相談窓口も設けられています。インターネットで「中小企業支援センター」と検索すると、全国各地にあるセンターの所在地や電話番号、業務内容を確認することができます。

●日本政策金融公庫

国が全額出資して設立された特殊法人で、全国に152の支店があります。独立創業を考えている方に対して、創業計画の作り方から融資まで幅広い支援を行います。名前は少し難しそうですが、創業ホットライン（0120－154－505）を設けて対応してくれます。

また、同公庫が発行している冊子『創業の手引』は、ホームページからも無料でダウンロードできます。事業計画の立て方や創業の基礎知識など、独立創業に関して参考になることがコンパクトにまとめられており、一読の価値があります。

2 独立創業を支える専門家

独立創業に際しての細かい手続きで、頼りになるのが国家資格を持つ専門家です。それぞれに取り扱う分野が決められています。費用はかかりますが、餅は餅屋であり、プロに任せるとスムーズに進みます。独立創業時はもちろんのこと、その後も事業に関連していろいろな手続きが必要になるため、いつでも的確なアドバイスを受けられる関係をつくっておくと助けになるでしょう。

なお、社労士として相談を受ける立場からすると、最初からご相談いただいたほうが手間も費用もかからず、よりよい結果が期待できます。多くは、誰か一人に相談すると、関連するほかの専門家も紹介してくれるようです。

●行政書士

会社設立に必要な定款の作成や、飲食業や建設業の許可など事業を行うのに必要な許認可の申請などを行います。

●**司法書士**

行政書士が作成した定款をもとに、法務局への法人登記手続きを行います。多くは行政書士と兼業しているので、設立とセットで任せることができます。

●**税理士**

税務署や都道府県税事務所への事業開始届や、その後に必要となる税の確定申告や帳簿の記帳代行を行います。

●**社会保険労務士**

労働基準監督署や年金事務所への労働保険、社会保険の手続き、従業員を雇用した場合の就業規則作成などを行います。

●**弁護士**

取引先との取引契約書の作成やチェックなど、法律全般に関わる相談に応じます。また、トラブル発生時には法的手法により解決します。

4

現役続行を支える

年金の基本

余下さん、いらっしゃい。伍川さんもおみえですよ。

こんばんは。ちょうど良かった。伍川さんに伺いたいことがありまして。もしよかったら、ご一緒してもいいですか?

どうぞ、もちろんです。こちらは余下拓郎さん。建設コンサルティング会社の社長さんだよ。

はじめまして。私も来年65歳を迎えることになり、年金が気になり出しましてね。先日、「年金シニアライフセミナー」というやつに出てみましたが、用語からして難しくて……。先日の新聞に「年金支給開始75歳に」なんてことも載っていましたし、自分の年金は、これからどうなるのでしょうか。

そうですね、そんな新聞記事もありましたね。じゃあ、飲みながら話しましょう。

年金には、歳を取ったときの老齢年金のほか、障害が残ったときの障害年金、死亡した場合の遺族年金など、いくつか種類があります。ここでは、65歳以降も厚生年金に加入しながら働き続ける方を中心に、具体的なデータを示しながら、老齢年金の基本のキを説明します。

65歳からの年金のしくみ

私はずっと厚生年金に加入していたはずなのに、先日のセミナーでは年金が2階建てとか、国民年金から基礎年金が出るとかいわれました。65歳からの年金は、どのようなしくみになっているんでしょうか？

新聞なんかで年金の記事を見ると、オリンピックの表彰台みたいな図が載っているじゃない。1号、2号、3号とか書いてあって、その上に厚生年金が乗っかっているから2階建てっていうんでしょ。

私もそんな図は見たけど、受け取る年金との関係がイマイチわからないの。それに、厚生年金の上に厚生年金基金とかいうのもあったけど、あれって何なの？

確かに分かりにくいよね。昭和61年４月から基礎年金制度というのが始まり、今のようなスタイルになったんだ。厚生年金基金というのは、会社が福利厚生の一つとして厚生年金に上乗せして加入している年金制度だよ。まずは、受け取る年金のしくみを話すことにしよう。

65歳以降も働き続けた場合に、年金が生活費のベースになることは間違いありません。受け取る年金は、加入している年金制度や加入期間、家族構成などによって人それぞれ、まさに人生のようなものです。ここではまず、最も一般的な厚生年金加入者が65歳から受け取れる年金のしくみについて簡単に説明します。

●年金受給には最低10年の加入期間が必要

「年金は2階建て」とよくいわれます。現在の年金制度は【図表4－1】のようになっており、老齢基礎年金が1階、老齢厚生年金が2階、そしてその上の3階部分が厚生年金基金です。日本国内に住んでいる20歳以上60歳未満の人はすべて、国民年金に加入することになっています。そして、この国民年金（第1号・第2号・第3号）の加入期間の合計が最低10年（120カ月）ある場合に、年金受給の資格ができるのです。以前は加入期間が25年以上必要とされていましたが、平成29年8月から10年に短縮されました。以前は、専業主婦や学生などは国民年金に任意加入でしたが、その間の未加入期間も「カラ期間」として、この10年に合算されます。ただし、年金額には反映されません。

具体的な年金加入例は【図表4－2】のようになります。①が余下拓郎さんのような会社員に多いケースで、②は小金賀好代さんや宅間椎子さんのような女性に多く、アルバイトなどが多くて年金未加入期間があると③のようなケースになります。

【図表4－1】年金制度のしくみ

3階部分		厚生年金基金などの企業年金	
2階部分	国民年金基金	厚生年金	
1階部分 基礎年金	国民年金		
種別	第1号被保険者	第2号被保険者	第3号被保険者
加入対象者	個人自営業者、学生など 原則20歳～60歳	会社員、公務員など 原則65歳未満	第2号被保険者の扶養配偶者 20歳～60歳

年金受給には国民年金第1号、2号、3号被保険者期間を通算して10年以上の加入期間が必要

【図表4－2】年金の加入例

①余下拓郎さんのケース：任意加入の学生時代は国民年金に未加入。就職後、厚生年金に加入する
②女性に多いケース：18歳で就職後、会社勤めと扶養家族を繰り返す
③アルバイト歴が長いケース：強制加入の学生時代は免除申請をせず、未納。卒業後は転職を繰り返す

年齢　18歳　20歳　22歳　30歳　40歳　50歳　55歳　60歳　65歳　70歳

ケース	区分						
ケース①	厚生年金など	—	未加入（学生）	厚生年金			
	国民年金	—	カラ期間	2号			—
ケース②	厚生年金など	厚生年金	（扶養家族）	未加入（非扶養）	厚生年金		
	国民年金	2号	3号	1号	2号	—	
ケース③	厚生年金など	—	未加入（学生）	厚生年金	未加入（アルバイト）	未加入（自営業）	未加入
	国民年金	—	未納	2号	未納	1号	未納 / —

※1号…国民年金第1号被保険者、2号…国民年金第2号被保険者、3号…国民年金第2号被保険者の扶養配偶者
※カラ期間…昭和61年3月までの専業主婦、平成3年3月までの学生などで、任意加入の国民年金に未加入だった期間

●老齢年金は原則として65歳から支給

国民年金に10年以上加入していることを前提に、原則として65歳より、国民年金から老齢基礎年金が支給されます。厚生年金加入者には、さらに老齢厚生年金が上乗せ支給されます。ただし、男性は昭和36年4月1日以前、女性は昭和41年4月1日以前に生まれた方は、老齢厚生年金（報酬比例部分）が65歳前から支給されます【図表4－3】。

なお、20歳未満と60歳以降の厚生年金加入期間は老齢基礎年金額に反映されないので、その期間分は「経過的加算」として厚生年金から支給されます。ただし、厚生年金加入期間のうち、老齢基礎年金

【図表4－3】65歳前に老齢厚生年金の一部（報酬比例部分）が受給できる年齢

受給開始年齢	男性	女性
	生年月日	
61歳	昭和28年4月2日から 昭和30年4月1日まで	昭和33年4月2日から 昭和35年4月1日まで
62歳	昭和30年4月2日から 昭和32年4月1日まで	昭和35年4月2日から 昭和37年4月1日まで
63歳	昭和32年4月2日から 昭和34年4月1日まで	昭和37年4月2日から 昭和39年4月1日まで
64歳	昭和34年4月2日から 昭和36年4月1日まで	昭和39年4月2日から 昭和41年4月1日まで

※共済組合については女性も男性と同じ支給開始年齢となる。

に反映される20歳以上60歳未満の期間と合わせて480カ月分が上限とされています。

国民年金の保険料は、第1号の方のみ自分で納め、第2号と第3号の方は、厚生年金保険料の中から納められています。そのため、第2号と第3号の方は国民年金に加入しているという感覚が薄いのではないでしょうか。

●厚生年金基金加入者は基金への請求が必要

厚生年金基金の請求は、年金事務所とは別に加入していた基金へ手続きが必要です。ただし、加入期間が10年未満の方や解散した基金に加入していた方は、原則として企業年金連合会で手続きして、年金を受け取ることができます。

基金に加入していたかどうか分からない場合は、「ねんきん定期便」で確認するか、企業年金連合会（企業年金コールセンター　0570−02−2666）へ電話で問い合わせることもできます。その際には、基礎年金番号、氏名、生年月日などを答える必要があります。

年金加入と保険料計算のしくみ

確かに年金制度はありがたいけれど、健康保険も含めて、社会保険料の負担も半端ないですよね。特に、私は社員の会社負担分まで払いますから。

私も同じ立場ですから、よく分かります。何しろ健康保険と厚生年金を合わせると給料の約15%になりますから、給料明細の中でもひときわ大きいですよね。ただ、健康保険や厚生年金などの社会保険制度は、保険料を出し合って助け合う相互扶助の精神で成り立っていますから、仕方ないところもありますね。

ちょっと待って！　難しい言葉で話さないでよね。私たちは漢字が6個以上並ぶと生理的に受け入れられないのよ。有給休暇、送料無料、保湿効果……うーん、やっぱり4個が限界ね。

私は相互扶助より、自分が納めた保険料の元を取れるかどうかが一番の関心事だな。年金や健康保険には何歳まで加入できるの？

おいおい、二人ともさっきから見境なく食べて飲んでるけど、ここの勘定は相互扶助だよ。年金をもらうには、保険料も負担しなくてはならないから、保険料計算のしくみや、加入要件、加入できる年齢などのことも話そうか。

厚生年金と健康保険を合わせて社会保険といい、セットで加入します。加入要件や保険料はほとんど同じしくみで計算され、賃金から天引きされます。また、年金を受給している人については、支給される年金から介護保険料や税金が天引きされる場合があります。

●厚生年金は70歳まで加入する

厚生年金は要件を満たせば70歳まで加入します。いや、加入しなくてはなりません。要件とは、１週間の勤務時間および１カ月の勤務日数が、同じ事業所で同様の業務に従事している一般社員の４分の３以上あることです。

たとえば、一般社員が１週40時間、１カ月20日勤務であれば、１週30時間以上および１カ月15日以上勤務で加入要件を満たします。ただし、社員数５０１人以上の会社や、５００人以下の会社でも労使合意がある場合などは、勤務時間や勤務日数が４分の３未満であっても、１週20時間以上勤務などの要件を満たせば加入することになります。

なお、厚生年金とセットで加入する健康保険は75歳までですが、加入要件は同じです。

●保険料の計算方法

保険料は、標準報酬月額に保険料率を掛けて計算します。標準報酬月額とは、毎月の報酬額（賃金、給料、給与、役員報酬など名称を問わず）を一定の枠に区分け

【図表４－４】健康保険・厚生年金　標準報酬月額表（平成 31 年度）

標準報酬			報酬月額			厚生年金保険料（厚生年金基金加入員を除く）一般、坑内員・船員 保険料率 18.300%	
等級		月額					
健康保険	厚生年金		円以上		円未満	全額	折半額
1		58,000		～	63,000		
2		68,000	63,000	～	73,000		
3		78,000	73,000	～	83,000		
4	1	88,000	83,000	～	93,000	16,104	8,052
5	2	98,000	93,000	～	101,000	17,934	8,967
6	3	104,000	101,000	～	107,000	19,032	9,516
7	4	110,000	107,000	～	114,000	20,130	10,065
8	5	118,000	114,000	～	122,000	21,594	10,797
9	6	126,000	122,000	～	130,000	23,058	11,529
10	7	134,000	130,000	～	138,000	24,522	12,261
11	8	142,000	138,000	～	146,000	25,986	12,993
12	9	150,000	146,000	～	155,000	27,450	13,725
13	10	160,000	155,000	～	165,000	29,280	14,640
14	11	170,000	165,000	～	175,000	31,110	15,555
15	12	180,000	175,000	～	185,000	32,940	16,470
16	13	190,000	185,000	～	195,000	34,770	17,385
17	14	200,000	195,000	～	210,000	36,600	18,300
18	15	220,000	210,000	～	230,000	40,260	20,130
19	16	240,000	230,000	～	250,000	43,920	21,960
20	17	260,000	250,000	～	270,000	47,580	23,790
21	18	280,000	270,000	～	290,000	51,240	25,620
22	19	300,000	290,000	～	310,000	54,900	27,450
23	20	320,000	310,000	～	330,000	58,560	29,280
24	21	340,000	330,000	～	350,000	62,220	31,110
25	22	360,000	350,000	～	370,000	65,880	32,940
26	23	380,000	370,000	～	395,000	69,540	34,770
27	24	410,000	395,000	～	425,000	75,030	37,515
28	25	440,000	425,000	～	455,000	80,520	40,260
29	26	470,000	455,000	～	485,000	86,010	43,005
30	27	500,000	485,000	～	515,000	91,500	45,750
31	28	530,000	515,000	～	545,000	96,990	48,495
32	29	560,000	545,000	～	575,000	102,480	51,240
33	30	590,000	575,000	～	605,000	107,970	53,985
34	31	620,000	605,000	～	635,000	113,460	56,730
35		650,000	635,000	～	665,000		
36		680,000	665,000	～	695,000		
37		710,000	695,000	～	730,000		
38		750,000	730,000	～	770,000		
39		790,000	770,000	～	810,000		
40		830,000	810,000	～	855,000		
41		880,000	855,000	～	905,000		
42		930,000	905,000	～	955,000		
43		980,000	955,000	～	1,005,000		
44		1,030,000	1,005,000	～	1,055,000		
45		1,090,000	1,055,000	～	1,115,000		
46		1,150,000	1,115,000	～	1,175,000		
47		1,210,000	1,175,000	～	1,235,000		
48		1,270,000	1,235,000	～	1,295,000		
49		1,330,000	1,295,000	～	1,355,000		
50		1,390,000	1,355,000	～			

※健康保険は 1 等級から 50 等級、厚生年金は 1 等級から 31 等級まで。
※健康保険料率は、都道府県・健康保険組合ごとに違う。
※厚生年金保険では、報酬月額 83,000 円未満である場合も標準報酬月額 88,000 円となり、報酬月額が 635,000 円以上である場合にも標準報酬月額は 620,000 円となる。

したものです【図表４－４】。賞与については、支給額の千円未満を切り捨てたものを標準賞与額とし、標準報酬月額と同じ保険料率を掛けます。厚生年金保険料率は全国共通ですが、健康保険料率は協会けんぽの場合、都道府県ごとに違います。

厚生年金保険料、健康保険料ともに会社と折半で、賃金や賞与から天引きされた保険料に、会社が同額を添えて納めています。なお、受け取る年金額や、次の章で説明する健康保険の給付にも、この標準報酬月額や標準賞与額を使います。

●介護保険料等は年金から天引きされる

65歳までは健康保険料に上乗せして賃金から天引きされていた介護保険料ですが、65歳からは原則として支給される年金から天引きされます。年度の途中で65歳になったり、他の市区町村より転入した場合などは天引きされないため、別途自分で納めることになります。介護保険料は所得によって区分されます。

65歳以上の場合、老齢年金額が１５８万円を超えると税金が天引きされます。税金を少なくするには「扶養控除申告書」を提出する必要があります。最初は年金請求時に、２年目以降は毎年11月中旬に日本年金機構からはがきで送られてくる「扶養控除申告書」を忘れずに返送することです。それでも税金を天引きされている方は、税務署で確定申告を行うことにより税金が還付される場合があります。

年金額はどのように計算されるのか

みんなが知りたいのは、ズバリ年金額のことじゃないかな。老齢基礎年金と老齢厚生年金では計算方法が変わってくるけれど、ポイントは加入期間と加入期間中の年収だね。それに拓郎さんのように奥さんがいらっしゃると、加給年金というのが加算されます。

年収といっても、私たちが若い頃は、今と違ってかなり安かったですよね？

確かに私たちの頃は初任給が10万円くらいだったので、過去の分は現在の価値に換算されています。それに、平成15年3月以前とそれ以降では計算方法が変わりました。

何か手っとり早く知る方法はないの？

年金の計算式に数字を当てはめれば大体の額は分かるけど、やはり実際には年金事務所のデータで確認するのが確実だね。毎年誕生日頃に届く「ねんきん定期便」は毎回確認したほうがいいよ。

受け取る年金額は、加入期間で決まる老齢基礎年金や、年収と加入期間で決まる老齢厚生年金、そして配偶者などの有無で決まる定額の加給年金で計算されます。実際の年金額は「ねんきん定期便」などで確認できます。

●老齢基礎年金は加入期間で計算される

2階建て年金の1階部分にあたる老齢基礎年金は、満額で約78万円（月額6万5000円）支給されます。満額というのは、加入義務のある20歳から60歳までの40年間（480カ月）加入し、保険料を全額納めた場合です。もちろんこの間に、厚生年金や共済年金などに加入、またはそのような方の扶養配偶者（国民年金第3号被保険者）になっていた期間などがあれば、それも含みます。仮に未納期間があり、加入期間が40年に満たない場合は、1カ月当たり約1625円が減額されます。そして、加入期間が10年以上ないと、厚生年金も含めて年金は支給されません。

なお、保険料を正式に免除された期間は、先ほどの未納期間と同じく加入期間には算入されますが、免除の種類に応じてその期間中の年金額は全額または一定額が減額されます。

●老齢厚生年金は年収と加入期間で計算される

2階建て年金の2階部分にあたる老齢厚生年金は、平成15年3月以前とそれ以降では計算式が異なります。平成15年3月以前は平均標準報酬月額を使って算出します。平均標準報酬月額とは、厚生年金加入期間中における標準報酬月額の平均です。平成15年4月以降は平均標準報酬額を使います。平均標準報酬額とは、平均標準報酬月額に標準賞与額も含めた年収の月割額の平均相当額です。

では、123ページ【図表4－2】の①で示した余下拓郎さんのケースを例にあげて、具体的な計算方法をみてみましょう。

（A）平成15年3月以前の加入期間分

平均標準報酬月額（30万円）×7・125÷1000×加入期間（300カ月）

≒64万円

（B）平成15年4月以降の加入期間分

平均標準報酬額（40万円）×5・481÷1000×加入期間（180カ月）

≒39万円

余下拓郎さんのケースは、老齢基礎年金は満額の78万円、老齢厚生年金は平成15年3月以前が平均標準報酬月額が30万円で25年（300カ月）（A）、平成15年4月以降は平均標準報酬額が40万円で15年（18カ月）（B）で合わせて103万円（A＋B）、合計約181万円となります。

平均年収別に40年間加入した場合の年金額の目安は【図表4－5】のとおりです。

●配偶者がいる場合は加給年金が支給されることもある

加給年金というのは、年金における家族手当のようなものです。厚生年金と共済組合などの加入期間が合計20年以上あり、一定の条件を満たす配偶者や18歳未満の子などがいる場合にもらえます。ただし、配偶者が65歳になるなどすると、支給が打ち切られます。配偶者というのは夫から見て妻、妻から見て夫のことです。

配偶者を対象とした場合、加給年金額は特別加算金を含めて約39万円、月額3万円以上になります。なお、夫婦

【図表4－5】平均年収別・老齢厚生年金額の目安（40年加入の場合）

平均年収	老齢厚生年金額
120万円	26万円
180万円	39万円
240万円	53万円
300万円	66万円
360万円	79万円
420万円	92万円
480万円	105万円

※平均年収×5.481÷1000×40年
※支給対象となる配偶者がいる場合、別途約39万円が加算される

間の歳の差が大きいほど受け取る期間が長くなり、加給年金上は得をすることになります。夫婦で仲良くしておくことが年金を減らさないコツともいえるでしょう。

●自分の年金額を確認するには

自分の年金額を確認するには、大きく次の3つの方法があります。一つ目は、「ねんきん定期便」で確認することです。「ねんきん定期便」は、毎年誕生月に国民年金や厚生年金の加入者にはがきで届きます。65歳からもらえる年金見込み額が老齢基礎年金と老齢厚生年金に分けて書いてあり、年金額の確認はこれが一番簡単です。

二つ目は、「ねんきんネット」で確認することです。「ねんきんネット」は日本年金機構のサービスで、インターネットを通じて、24時間いつでもどこでも、パソコンやスマートフォンから自分の年金の情報を手軽に確認できます。初回の利用登録時に、基礎年金番号の入力、パスワードの設定などが必要です。

三つ目は、年金事務所や街角の年金センターで確認することです。対面で相談しながら年金額を確認したい場合は、近くの年金事務所や街角の年金相談センターへ出向いて確認することもできます。多くは予約制になっているため、事前予約が必要です。

65歳からの年金受給にはどのような選択肢があるのか

65歳よりも遅く受給し始めると、受け取る年金額が増えると聞いたことがあります。

年金の繰り下げ制度のことですね。受給開始を遅らせると、1カ月当たり0・7%も受給額が増えるんです。定期預金よりはるかに高い利回りですから、お得ですよ。

私たち、お得って言葉が大好きなのよね。でも、その繰り下げというのは、長生きしないと損なのでしょ。受け取る累計額が、65歳から受け取った場合を追

い越すのに12年くらいかかるとか聞いたけど。それよりも前に早死にしないか心配だわ。

確かにそうだけど、死んでしまうと生活費がかからないわけだから、増えた年金を70歳から受け取り、仮に73歳で死亡したとしてもかまわないという考え方もある。要は、お金が必要なのは生きてる間だけだから、その間に少しでも多く受け取ったほうがいいでしょ。

うーん、その話、理解はできるけど納得はできないな。

スーちゃんは絶対長生きしそうだから、繰り下げても損はしないと思うけど。じゃあ、65歳時点でどのような判断をし、どのような手続きが必要なのかを考えよう。

65歳以降は原則どおり年金を受け取ることもできるし、70歳までを上限に受給年齢を遅らせることも可能です。自分の寿命、加給年金の有無などメリット・デメリットを十分考慮した上で、自分自身で判断を下すことになります。なお、年金受給を遅らせることができるのは、次の節で説明する在職老齢年金のしくみによりカットにならない年金額、つまり、受け取ろうと思えば受け取れる年金額だけです。

●原則どおり65歳から受け取る

65歳前から受給している方の厚生老齢年金（報酬比例部分）も、65歳で一旦受給権はなくなります。そして、65歳の誕生月に届く「年金請求書（国民年金・厚生年金保険老齢給付）」に必要事項を記入の上、新たに65歳からの老齢年金の請求手続きをすることになります。こうすることで、65歳の誕生日の前日が含まれる月の翌月から、老齢基礎年金と老齢厚生年金が支給されます。たとえば、7月1日が誕生日の人は7月分からです。この請求書を提出しないと、年金は支給されません。

余談ですが、65歳前に年金が受給できるのに請求していない方がいますが、早めに請求したほうがよいです。ここで請求しなかったとしても将来の年金が増えることはなく、さかのぼって支給されるのは5年前までです。

●65歳よりも遅く受け取る

原則の65歳ではなく、支給開始を66歳から70歳の間で遅らせることもできます。これを「年金の繰り下げ受給」といいます。支給開始を遅らせると年金額が1カ月当たり0・7％増え、70歳まで繰り下げると42％（60カ月×0・7％）増えます。ただし、加給年金は繰り下げても増えず、繰り下げ期間中は支給されません。

そのため、繰り下げにより増える年金額と、支給されない加給年金を比較してみることが必要です。繰り下げ受給において、65歳から受給した場合の年金累計額を追い越すのは、受給開始から約12年後です。ただし、加給年金を受給できる方は、追い越すまでにさらに年数がかかります。たとえば、135〜136ページで計算した余下拓郎さんの年金額を例にすると【図表4−6】のように、追い越すまでに約14年かかります。

繰り下げは、老齢基礎年金または老齢厚生年金のいずれか、もしくは両方できます。65歳時点で届く「年金請求書（国民年金・厚生年金保険老齢給付）」の「繰り下げ希望欄」に、繰り下げる年金（老齢基礎年金・老齢厚生年金）のどちらかに丸をつけて返送します。両方繰り下げる場合は返送しません。

【図表4−6】余下拓郎さんの年金例

受給開始	年金累計額が追い越す年齢	加給年金がない場合
66歳から	80歳	78歳
67歳から	81歳	79歳
68歳から	82歳	80歳
69歳から	83歳	81歳
70歳から	84歳	82歳

- 老齢基礎年金78万円、老齢厚生年金103万円、合計約181万円で加給年金39万円あり
- 在職老齢年金のしくみによる年金カットはないものとする
- 69歳までの年金見込み額には5歳下の妻の加給年金39万円を含む

余談ですが、厚生労働省の資料によりますと、繰り下げを選択している方は1％程度です。

●65歳時点で結論を出す必要はない

繰り下げ支給になるのは、66歳以降に年金請求書と「繰下げ請求書」を提出した月の翌月からであり、繰り下げ請求する年齢を前もって決めておく必要はありません。繰り下げ請求したい月の前月に年金請求書と「繰下げ請求書」を提出すればよいのです。

そのため、繰り下げするかどうか決めかねる場合は、65歳時点で年金請求書を提出せず、請求を保留しておきましょう。その後いずれかの年齢で、まとまったお金が必要になった場合に年金請求書だけ提出すれば、65歳時点にさかのぼって年金がまとめて支給されます。

また、たとえば繰り下げをするつもりで68歳まで年金請求を保留したまま死亡した場合も同様です。ただし、これらは年金の繰り下げではないので、1カ月当たりの年金額は増えません。

65歳以降も働く場合の年金はどうなるのか

私は原則どおり65歳から年金を受け取り、仕事も続けるつもりです。この場合、支給額はどうなりますか？　私の年金見込み額は老齢基礎年金78万円、老齢厚生年金１０３万円、加給年金39万円、合計約２２０万円でしたよね。今の役員報酬は月額40万円、賞与はありません。扶養家族は女房一人です。

収入が関係するのですが、結論からいえば、拓郎さんの年金は月額１万３０００円だけカットになりますね。

あのね、大きな声じゃいえないけど、私、近所のお寿司屋さんでたまにアルバイトしてるのよ。これも収入に入るの？

私は亡くなった夫の遺族厚生年金をもらっているけど、これから収入が増えるとカットされてしまうの？

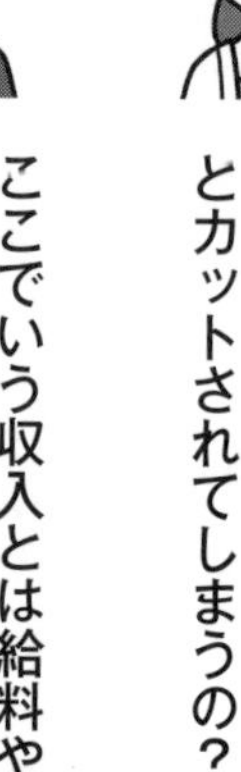

ここでいう収入とは給料や役員報酬で、厚生年金保険料の対象になるものだけだから、スーちゃんの場合は収入とはみなされないんだ。そして、カットの対象になるのは老齢厚生年金だけだから、シーちゃんの遺族厚生年金は大丈夫。収入と年金カットのしくみを、もう少し詳しく話そうか。

65歳以降も働き続けると、年金を受け取りながら将来の年金額を増やすことになります。65歳前と同様、収入によっては年金の一部がカット（支給停止）されますが、65歳以降はその基準額が引き上げられますので、ごく一部の方を除き、全額支給されるでしょう。なお、老齢基礎年金はカットの対象にならず、収入に関係なく全額支給されます。

●多くの人は全額支給

働きながら、正確にいえば厚生年金に加入しながら年金を受け取るしくみを「在職老齢年金」といいます。一定額以上の収入を得ている場合は年金の一部がカットされますが、その基準となる額は65歳より前は28万円ですが、65歳以降は47万円（※平成31年度）と大幅にゆるくなります。また、年金月額の対象になるのは老齢基礎年金や加給年金を含まない老齢厚生年金だけですから、よほど高給の方でないと年金カットの対象にはなりません。

余談ですが、ここでカットされた年金が後で戻ってくることはありません。

●年金カット額は総報酬月額相当額と年金月額の合計で決まる

総報酬月額相当額とは、先ほど説明した標準報酬月額と、その月以前1年間に支給された標準賞与額の総額を12で割った額を合計したものです。年金月額は老齢厚生年金を12で割った額です。

総報酬月額相当額と年金月額の合計が47万円以下であれば、年金は全額支給されます。合計が47万円を超える場合は、超えた額の2分の1の年金がカットされます。

たとえば、余下拓郎さんのケースで考えてみましょう。賞与はなく、役員報酬40万円（標準報酬月額41万円）ですので、総報酬月額相当額は41万円になります。計算式にあてはめると、年金のカット額は1万3000円ということが分かります。なお、加給年金は老齢厚生年金が全額カットにならない限り全額支給されます。

（総報酬月額相当額41万円＋年金月額8万6000円－47万円）÷2
＝1万3000円

●65歳以降の加入期間分はその後の年金額に上乗せされる

65歳から受け取る年金は、65歳までの加入期間により計算されています。65歳以降の加入期間分は、70歳未満で退職した場合、退職後1カ月経過時点で再計算され、退職した翌月分から上乗せされま

【図表4－7】65歳以降の在職老齢年金のしくみ

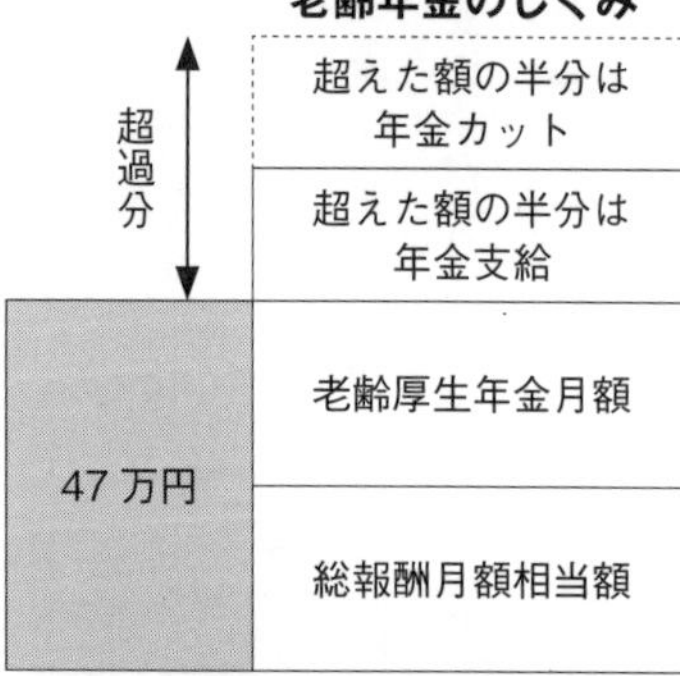

※加給年金等は、年金が全額カットにならなければ支給される

す。また、70歳以降は働いていても年金に加入できませんから、退職した場合と同様に、それまでの分を加えて再計算されます。

では、1カ月当たりどれくらい年金額が増えるのでしょう。ざっくりとした額ですが、平均年収相当額である平均標準報酬額10万円につき、老齢厚生年金が約540円です。余下拓郎さんを例に、計算してみましょう。

平均標準報酬額41万円×5・481÷1000≒2200円

余下拓郎さんは、平均標準報酬額が41万円ですから、1カ月あたり約2200円増えることになります。なお、年金加入期間が40年に達していない場合は、これとは別に老齢基礎年金相当分として1カ月あたり1625円増えます。

厚生年金加入中の夫が死亡した場合の年金はどうなるのか

年金は生きている時だけのものというけれど、65歳を過ぎたらいつお迎えが来てもおかしくないでしょう。その時に残された女房のことが気になりましてね。ほとんど私の扶養家族でしたから、女房自身の年金は少ないんですよ。

私が今受け取っている遺族厚生年金、65歳からはどうなるの？　遺族年金にはすごく助けられてる。亡くなった夫には悪いけど、お墓に入った夫の生活費はゼロだもんね。あの世から送金してくれとも言わないし。

それは旦那さんが受け取れるはずだった年金の一部でしょ？　自分も年金の保険料を納めているんだから、それはそれで別に受け取れるんじゃない。別腹よね。

現代の65歳はまだまだ元気ですが、拓郎さんのご心配も分かります。拓郎さんの奥さん、天地真理ちゃんが一番可愛かった頃にそっくりですよね。では、厚生年金加入中の夫が死亡した場合に、妻が受け取れる年金について説明しよう。

遺族年金は、受け取る方の立場や家族構成で年金額が異なります。ここでは一般的に多い、厚生年金加入中や老齢厚生年金を受給中の夫が死亡し、18歳未満の子どもがいない妻が受給する場合を説明します。なお、妻は亡くなった夫と生計維持関係にあったことが必要です。「生計維持関係にあった」と見なされるには、将来にわたって妻の年収が８５０万円未満（または所得が６５５万５０００円未満）であることが条件です。仮に、前年度の収入または所得が基準を超えていたとしても、今後、収入減少の見込みが立証できれば「生計維持関係にあった」とされます。また、再婚（内縁関係を含む）した場合には年金支給が終了します。

●妻が65歳まで

妻が65歳までは遺族厚生年金が支給されます。年金額は、夫が受給中、もしくは受給できるはずだった老齢厚生年金額の4分の3です。正確にいえば、老齢厚生年金のうち各種加算分は含まない報酬比例部分の4分の3です。報酬比例部分の年金額は「ねんきん定期便」や「年金証書」に載っています。もし、妻が65歳前に自分の特別支給の老齢厚生年金を受け取れる場合は、どちらか一つを選択することになります。

また、夫の死亡当時に妻が40歳以上であれば、65歳までの間、中高齢の加算として年額約58万円が上乗せされます。宅間椎子さんも夫の遺族厚生年金と中高齢の加算を受け取っていることになります。

●妻が65歳以降

遺族厚生年金を受給している妻が65歳になると中高齢の加算は打ち切られ、次の①と②を合計した年金を受け取ることになります。

①妻自身の老齢基礎年金

② 「自分の老齢厚生年金」、「遺族厚生年金」、「自分の老齢厚生年金の２分の１＋遺族厚生年金の３分の２」の３つのうち一番多い額を上限額として、まず自分の老齢厚生年金を全額受給し、上限額との差額分を遺族厚生年金として受給する

たとえば、余下拓郎さんの妻（65歳以降）の場合は次のようになります。まず自分の老齢基礎年金60万円を受給します。続いて比較する３つの中で「遺族厚生年金」77万４０００円が一番多いので、それを上限額として、自分の老齢厚生年金20万円と、上限額との差額57万４０００円を遺族厚生年金として受給します。

また、宅間椎子さん（65歳以降）の場合は次のようになります。まず、自分の老齢基礎年金60万円を受給します。次に比較する３つの中で「自分の老齢厚生年金の２分の１＋遺族厚生年金の３分の２」の額である65万円が一番多いので、それを上限に自分の老齢厚生年金の全額50万円と差額の15万円を遺族厚生年金として受給します【図表４－８】。

【図表４－８】妻が受け取る年金例

①余下拓郎さんの妻の場合

- 夫の老齢厚生年金…103 万 2000 円
- 自分の老齢厚生年金…20 万円
- 自分の老齢基礎年金…60 万円

65 歳まで
遺族厚生年金 （夫の老齢厚生年金の４分の３） 77 万 4000 円
中高齢の加算 58 万円
合計 135 万 4000 千円

65 歳から
遺族厚生年金 57 万 4000 円
自分の老齢厚生年金 20 万円
自分の老齢基礎年金 60 万円
合計 137 万 4000 円

②宅間椎子さんの場合

- 夫の老齢厚生年金…80 万円
- 自分の老齢厚生年金…50 万円
- 自分の老齢基礎年金…60 万円

65 歳まで
遺族厚生年金 （夫の老齢厚生年金の４分の３） 60 万円
中高齢の加算 58 万円
合計 118 万円

65 歳から
遺族厚生年金 15 万円
自分の老齢厚生年金 50 万円
自分の老齢基礎年金 60 万円
合計 125 万円

5
現役続行を支える
健康保険・雇用保険の基本

長生きして年金を受け取らないと、納めた保険料の元が取れないとはいえ、年々いろいろな病気と友だちになっちゃって、お財布の中はポイントカードと病院の診察券でいっぱいよ。

昔なら、赤チンと正露丸さえあれば大体の病気やケガは治ったけれど、今はそうもいかないよね。それでも病院に行って薬をもらうと、もう半分は治った気になる。本当に健康保険証はありがたいし、手放せないよ。

健康保険証の大切さはわかるけど、失業保険はどうなの？　そんなにしょっちゅう失業するわけでもないから、年金や健康保険に比べると影が薄いよね。これって元が取れるの？

スーちゃん、失業保険は古いよ。今は雇用保険っていうのよ。厚生年金と健康保険がセットで社会保険、雇用保険と労災保険がセットで労働保険っていうのよね、伍川くん。

さすがはシーちゃん、そのとおり。確かに、雇用保険は失業した場合にお世話になるイメージが強いけれど、今はそれ以外にもいろいろあるよ。タダでもらえるものもあるから、二人とも大好きな話じゃないかな。その前に、大将、冷奴に大根サラダ、健康によさそうな赤ワインを一杯お願いします！

65歳以降も働き続ける場合に頼りになるのが、健康面をサポートする健康保険と、雇用面をサポートする雇用保険です。この二つに共通しているのは、使わないに越したことはないということです。

健康保険を運営している団体を「保険者」といい、主に中小企業を対象としている「協会けんぽ」（全国健康保険協会）と企業単位などで設立されている「健康保険組合」があります。給付の内容はほとんど同じです。ここでは保険者を協会けんぽ、被保険者を70歳未満の方として説明します。

雇用保険はハローワークが窓口ですが、最近は失業だけでなく雇用を維持するための給付も増えており、これがあるからこそ安心して働き続けることができます。

健康保険証を使えば自己負担が一定額に抑えられる

私が若い頃は、病院に行くには初診料を600円くらい払えば、あとは何度通院してもタダだったような。今は病院に行くのも高くなりましたね。

うちのお父さんは本格的な薄毛、二次元バーコードなの。ココだけの話、薄毛外来に通っているんだ。社会保険が使えなくて、薬代だけでも2カ月で1万5000円くらいかかるのよ。診察のたびに先生と看護師さんに「生えてますよ」って励まされて、すっかりその気になってるけどね。

スーちゃん、それをいうなら社会保険じゃなくて健康保険だよ。

うちの夫は亡くなる1年くらい前は入退院を繰り返していたけど、窓口負担はそんなにかからなかった気がするな。

シーちゃんの旦那さんは、健康保険の「高額療養費制度」を使ったんじゃないかな。大きな病気だと医療費もかさむから、この制度があると助かるよね。残念ながら、対象になるのは健康保険が適用される分だけだから、スーちゃんの旦那さんが飲んでる例の薬には使えないけれどね。

歳を重ねると、以前にも増して健康保険のありがたみを感じるようになります。病院での窓口負担は70歳未満であれば原則3割、残りの7割は協会けんぽが病院に払ってくれる、心強い存在です。これを「療養の給付」といい、私たちにとって一番身近な給付です。

●医療機関を受診する

病院などの医療機関にかかる場合は、初診時に窓口で健康保険証を出します。継続的に通院している場合は、1カ月に1回、保険証の提示を求められるでしょう。医療機関は、患者が確かに健康保険に加入していて、保険で診療を受ける資格のある人かどうかを確認する必要があるからです。

また、交通事故に遭ったときや、他人の飼い犬に噛まれた場合なども健康保険が使えますが、「第三者行為による傷病届」を協会けんぽへ提出する必要があります。この場合、協会けんぽは加害者に医療費を請求します。

なお、病気やケガで医療機関を受診した場合でも、その原因となる出来事が業務中や通勤中に起きた場合は健康保険が使えず、労災保険扱いになります。

●窓口負担は一定額に抑えられている

窓口での自己負担額には上限が定められています。同じ月内（1日から末日）にかかった医療費の自己負担額が一定額（自己負担限度額）を超えた部分は、手続きをすることにより、後で払い戻されます。これを「高額療養費制度」といいます。

入院などで自己負担限度額を超える見込みの場合は、あらかじめ「限度額適用認定申請」をしておけば、最初から窓口負担が一定額で済みます。

自己負担限度額は、年齢と所得状況等により設定されています。ただし、対象となる医療費は健康保険の適用分だけです。

宅間椎子さんの夫の場合、当時の給料を40万円と仮定すると、【図表5－1】の③区分ウに該当します。次の計算式にあてはめると、総医療費が100万円かかった月の自己負担限度額は8万7430円であることがわかります。

8万100円＋（100万円－26万7000円）×1％＝8万7430円

総医療費とは、保険が適用される診察費用の総額（10割）です。もし、医療を受けた月以前1年間に、自己負担限度額を超えた月が3カ月（3回）以上あった場合には、4カ月目からの自己負担限度額は「多数該当」となり、宅間椎子さんの夫の場合は4万4400円になります。ここでの回数は、転職していても、加入しているのが同じ協会けんぽであれば通算されます。

【図表５－１】 70歳未満の自己負担限度額

被保険者の所得区分	自己負担限度額	
	通　常	多数該当※
①区分ア 標準報酬月額83万円以上	252,600円＋(総医療費－842,000円)×1%	140,100円
②区分イ 標準報酬月額53万～79万円	167,400円＋(総医療費－558,000円)×1%	93,000円
③区分ウ 標準報酬月額28万～50万円	80,100円＋(総医療費－267,000円)×1%	44,400円
④区分エ 標準報酬月額26万円以下	57,600円	44,400円
⑤区分オ 低所得者住民税・非課税	35,400円	24,600円

※多数該当：高額療養費として払い戻しを受けた月数が１年間（直近12カ月間）で３カ月以上あった場合に、４カ月目（４回目）から自己負担限度額がさらに引き下げられるしくみ

注）「区分ア」または「区分イ」に該当する場合、市区町村民税が非課税であっても、標準報酬月額での「区分ア」または「区分イ」の該当となる

●限度額は世帯で合算できる

同じ月内に、同一世帯で医療機関を受診した場合や、一人で複数の医療機関を受診した場合、また一つの医療機関で入院と外来を受診した場合は、それぞれの自己負担額を合算することができます。同一世帯というのは、健康保険加入者本人とその扶養家族です。ただし、自己負担額が２万１０００円以上の受診が２件以上ある場合のみ合算することができ、その合計額が自己負担限度額を超えたときに、超えた額が払い戻されます。

限度額適用認定をしている場合は、自己負担限度額を差し引いた額が払い戻しになります。

健康保険証が使えない場合

「療養の給付」のように、窓口で3割だけ負担して、残り7割は協会けんぽが医療機関に払ってくれることを「現物支給」というんだ。それに対して、一旦全額払ったあとで、7割相当分を現金で本人へ給付してくれる「療養費」といわれるものもあることは知ってるかな？　たとえば、骨折したときのギプス代、整骨院の受診費、海外旅行中における現地の病院への受診費用などだよ。

海外旅行は身近じゃないけど、整骨院は助かるわね。最近、仕事が忙しくて肩こりがひどいから、たまに近所の整骨院に行くのよ。

マッサージやエステのお金も戻ってくるの？

整骨院やマッサージのすべてが健康保険証を使えるわけじゃないよ。たとえば、日常生活の疲れなどからくる肩こり、腰痛などには使えないし、エステは無理だろうね。それにしてもスーちゃん、それ以上きれいになってどうするの。

健康保険では、病院など医療機関の窓口に健康保険証を提示して診療を受けることが原則です。しかし、病院の治療費とは別に、医師が認めたコルセットやギプスなどの装具代、整骨院への受診費などについて、７割相当額が後で払い戻されることがあります。これを「療養費」といいます。

●医療費の全額を負担したときに払い戻しが受けられる

「療養費」は支払った医療費の全額が払い戻されるわけではありません。払い戻されるのは「療養の給付」の範囲内に限られること、つまり7割相当額です。たとえば、医師の指示によりギプスを作った場合、まずは患者が一旦全額を支払い、後日、領収書や医師の証明を添付して協会けんぽに請求することで、費用の7割相当額が振り込まれます。

一部の登録された整骨院などでは、患者に代わって治療費を療養費として協会けんぽに請求し、支払いを受けます。そのため窓口では一部負担金のみ支払えばよいので、病院にかかる場合と同じように見えますが、整骨院などは「療養費」、病院は「療養の給付」のしくみであり、制度的には別のものにな

【図表5－2】払い戻される療養費

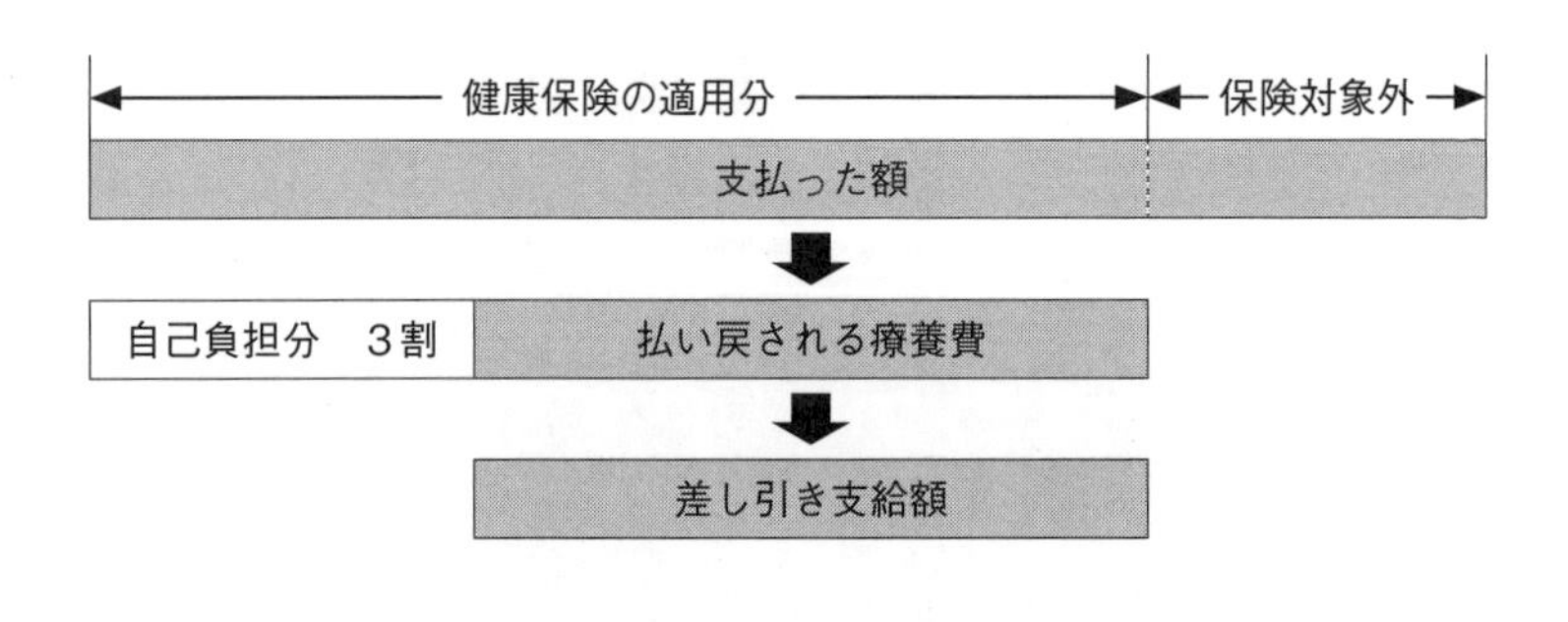

ります。

●整骨院（柔道整復師）にかかる場合

整骨院などの看板に「各種保険取扱い」とあったとしても、健康保険証が使えるかどうかの範囲は細かく定められています。健康保険証を使える場合とは、急性などの外傷性の打撲、捻挫、および挫傷（肉離れなど）、骨折、脱臼です。たとえば階段から足を踏み外し、グキッと捻挫したような場合です。なお、骨折、脱臼については、応急処置を除き、医師の同意が必要です。

健康保険証が使えない場合とは、仕事や家事など日常生活における疲れ、肩こり、筋肉痛、スポーツなどによる肉体疲労、慰安目的のあん摩・マッサージ代わりの利用、病気（神経痛、リウマチ、五十肩、関節炎、ヘルニアなど）からくる痛み、こり、脳疾患後遺症などの慢性病などです。宅間椎子さんの肩こりは、おそらく仕事や家事など日常生活における疲れによるものですから、健康保険証は使えません。もちろん、全額自費負担であれば何も問題ありません。

●はり・灸、あん摩・マッサージにかかる場合

神経痛、リウマチ、頸腕(けいわん)症候群（首、肩、腕の筋肉や靭帯(じんたい)の痛み、しびれなど）、五十肩、腰痛症、頸椎(けいつい)捻挫後遺症（むち打ち症）の6つの傷病で、はり・灸の施術を受けた場合、医師の同意があれば健康保険証を使うことができます。なお、病院の治療（投薬含む）と並行した施術は全額自己負担です。

あん摩・マッサージについては、関節拘縮(こうしゅく)、筋麻痺の2症状で、具体的には骨折や手術後の障害、脳血管障害の後遺症などで医師が医療上マッサージを必要と認めた場合に限り、健康保険証が使えます。

病気やケガで会社を休み賃金が出ない場合

私たちは何だかんだ言いながらも働いているから生活できているけれど、給料が止まると大変よね。亡くなった夫も1年くらい会社休んでいたけど、手続きしたら社会保険から給料の6割くらいが出た記憶があるよ。確か傷病手当金とかいうのよね。もちろん、生命保険にも入っていたけど、目に見えないお金が結構かかるから、助かったわ。

その傷病なんとかいうやつは、1日休んだらどれくらい出るの？　入院しないと出ないの？　もちろん、病気で休まないに越したことはないけどね。うん、やっぱり健康のために赤ワインおかわりするわ。赤ワインってポリフェノール

がいっぱい入っているんでしょ。

赤ワインも飲み過ぎたらダメなんじゃない。それはともかく、健康保険の給付の中でも傷病手当金は結構多いんだ。いざというときのためにも、知っておいたほうがいいと思うよ。

病気やケガのため会社を休み、賃金が出ない場合などには、支給要件を満たせば支給開始から最長1年6カ月の間、標準報酬月額に応じた傷病手当金が支給されます。また、要件を満たせば会社を退職しても支給は続きます。ただし、会社に在職中は、賃金が出なくても社会保険料は通常どおりの負担が必要です。なお、病気やケガの原因となる出来事が業務中や通勤中に起きた場合は、適用されません。

●支給を受けるための4要件

傷病手当金を受けるには、次の4つの要件すべてを満たす必要があります。

①病気やケガで療養中であること
自宅療養か入院かは問いません。健康保険証を使わず自費診療でも構いません。ただし、業務中や通勤途上の病気やケガなどの場合は対象になりません。たとえば自転車に乗ってケガをした場合、家からスーパーに買い物に行くときのことであれば傷病手当金の対象ですが、通勤中のことであれば労災保険扱いです。

②労務不能であること
今まで従事していた仕事に就けない場合をいいます。労務不能の状態かどうかは自己判断・自己申告で決めるものではなく、それまでの職種や業務内容が考慮され、医師の証明が必要です。

③4日以上仕事を休むこと
療養のために会社の休日や有給休暇も含め連続して3日以上休んだ場合に、4日目から支給が開始されます。休み始めてから最初の3日間を待期期間といい、この3日間は連続して休むことが必要です。たとえば「1日休み→1日出勤→2日

休み→1日出勤」となると、支給開始の要件を満たしません。なお、勤務時間中に労災に該当しない病気やケガが発生して早退した場合、早退した日が待期期間の初日になります。

④賃金が出ないこと

傷病手当金は「療養中で賃金がもらえない」場合の生活費保障ですから、休み始めてから4日目以降であっても、有給休暇を使うなどして賃金が支払われている場合には支給されません。なお、賃金の一部が支払われていても、傷病手当金の額より少ないときは、その差額が支給されます。

●支給される期間

傷病手当金は、4つの要件を満たす場合に限り、支給開始から最長1年6カ月間支給されます。ただし、退職後に老齢年金などを受け取るようになった場合は、支給残日数が残っていても原則として打ち切りになり、また雇用保険の失業給付とは併給できません。なお、1日当たりの支給単価は暦日数で計算されるため、土曜日、日曜日など会社休日の日も支給対象となります。

また、会社を退職しても、退職前に継続して1年以上健康保険に加入していた人が、退職時に傷病手当金を受け取っていたり、要件を満たしている場合は引き続き支給されます。しかし、傷病手当金を受け取る6カ月前に転職していた場合は、転職前も転職後と同じ協会けんぽに加入しており、離職していた期間が原則1カ月以内であれば、転職前後の期間を通算して計算します。

●1日あたりの支給額

傷病手当金の1日あたりの支給額は、支給開始日以前1年間における標準報酬月額の平均を30日で割った額（10円未満を四捨五入）に、3分の2を掛けた金額（1円未満を四捨五入）です。

たとえば小金賀好代さんの給与明細を見ると、社会保険料などが天引きされる前の総支給額が20万5千円です。つまり標準報酬月額は20万円になり、1日あたりの支給額は4447円ということになります。また、宅間椎子さんの標準報酬月額は26万円ですから、1日分は5780円です【図表5－3】。

【図表５－３】傷病手当金１日分早見表

標準報酬月額	報酬月額（給料、役員報酬など）		1日分	標準報酬月額	報酬月額（給料、役員報酬など）		1日分
	円以上	円未満			円以上	円未満	
58,000	～	63,000	1,287	380,000	370,000 ～	395,000	8,447
68,000	63,000 ～	73,000	1,513	410,000	395,000 ～	425,000	9,113
78,000	73,000 ～	83,000	1,733	440,000	425,000 ～	455,000	9,780
88,000	83,000 ～	93,000	1,953	470,000	455,000 ～	485,000	10,447
98,000	93,000 ～	101,000	2,180	500,000	485,000 ～	515,000	11,113
104,000	101,000 ～	107,000	2,313	530,000	515,000 ～	545,000	11,780
110,000	107,000 ～	114,000	2,447	560,000	545,000 ～	575,000	12,447
118,000	114,000 ～	122,000	2,620	590,000	575,000 ～	605,000	13,113
126,000	122,000 ～	130,000	2,800	620,000	605,000 ～	635,000	13,780
134,000	130,000 ～	138,000	2,980	650,000	635,000 ～	665,000	14,447
142,000	138,000 ～	146,000	3,153	680,000	665,000 ～	695,000	15,113
150,000	146,000 ～	155,000	3,333	710,000	695,000 ～	730,000	15,780
160,000	155,000 ～	165,000	3,553	750,000	730,000 ～	770,000	16,667
170,000	165,000 ～	175,000	3,780	790,000	770,000 ～	810,000	17,553
180,000	175,000 ～	185,000	4,000	830,000	810,000 ～	855,000	18,447
190,000	185,000 ～	195,000	4,220	880,000	855,000 ～	905,000	19,553
200,000	195,000 ～	210,000	4,447	930,000	905,000 ～	955,000	20,667
220,000	210,000 ～	230,000	4,887	980,000	955,000 ～	1,005,000	21,780
240,000	230,000 ～	250,000	5,333	1,030,000	1,005,000 ～	1,055,000	22,887
260,000	250,000 ～	270,000	5,780	1,090,000	1,055,000 ～	1,115,000	24,220
280,000	270,000 ～	290,000	6,220	1,150,000	1,115,000 ～	1,175,000	25,553
300,000	290,000 ～	310,000	6,667	1,210,000	1,175,000 ～	1,235,000	26,887
320,000	310,000 ～	330,000	7,113	1,270,000	1,235,000 ～	1,295,000	28,220
340,000	330,000 ～	350,000	7,553	1,330,000	1,295,000 ～	1,355,000	29,553
360,000	350,000 ～	370,000	8,000	1,390,000	1,355,000 ～		30,887

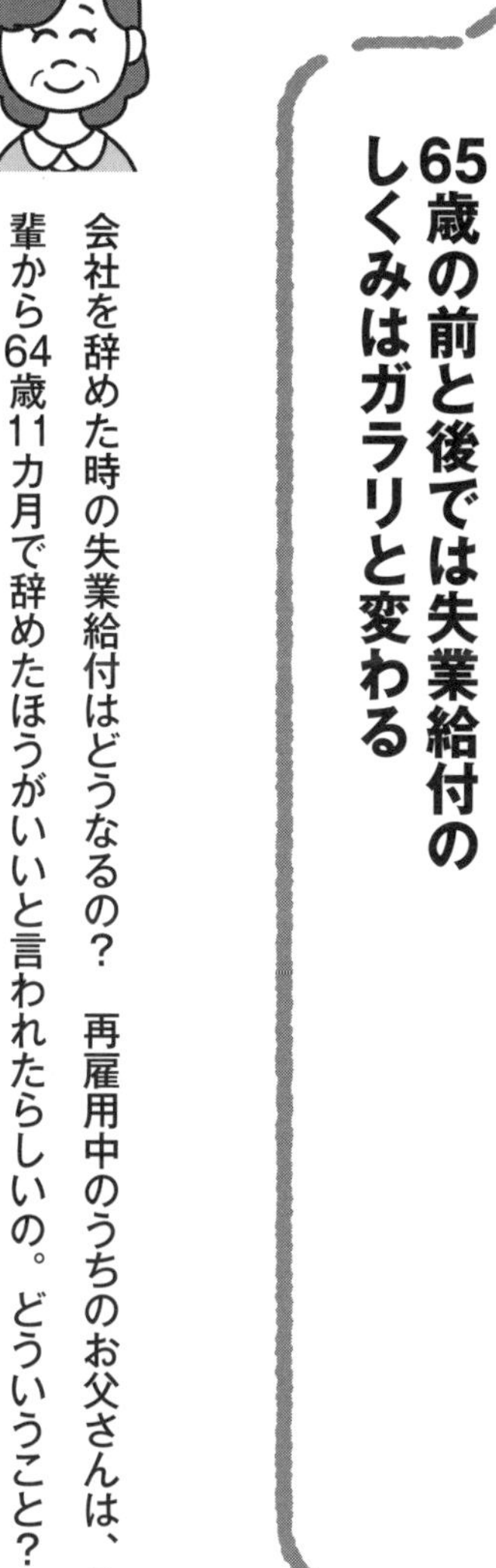

会社を辞めた時の失業給付はどうなるの？　再雇用中のうちのお父さんは、先輩から64歳11カ月で辞めたほうがいいと言われたらしいの。どういうこと？

65歳未満と65歳以上では失業給付のしくみが変わるんだ。65歳ちょうどは「65歳以上」に含まれるよ。65歳になるのは誕生日の前日だというのは、さっき話したよね。

そんなこと覚えているわけないでしょ。自分の誕生日もたまに忘れるくらいだから。

失業給付は雇用保険の中心的な給付だから、今から話すことは覚えておいてね。

雇用保険から支給される失業給付は、退職日の年齢によりガラリと変わります。65歳以上の給付は30日分もしくは50日分の一時金になりますが、年金との調整がないなど、悪いことばかりではありません。また法律改正により、65歳以上であっても要件を満たせば何度でも失業給付を受給できるようになるなど、65歳以降も安心して働きやすい環境になっています。

●一般の失業給付（基本手当）から高年齢求職者給付金へ

一般に失業給付は、65歳未満で退職した場合に、雇用保険の加入期間と年齢により決められている日数分の手当を4週間に1回受給できます。一方、65歳以上で退職した場合は、「高年齢求職者給付金」として、雇用保険の加入期間が6カ月以上1年未満の場合は30日分、1年以上の場合は50日分が一時金で受給できます。

なお、一般の失業給付と高年齢求職者給付金の区分けは、退職日の年齢で決まります。64歳で退職した人は、65歳になってからハローワークに求職の申し込みをしても、一般の失業給付の対象となりますし、また、老齢年金とも併給できます。遺族年金は年齢関係なしに失業給付と同時に受け取ることができます。

ところで、65歳以上で退職するということは、65歳の誕生日の前日以降に退職した場合のことです。法律上、「誕生日の前日に歳を取る」ことになるので、たとえば7月4日が65歳の誕生日であれば、その前日の7月3日に65歳になります。

●高年齢求職者給付金の目安は

退職前6カ月間に支払われた賃金の総額を180で割った額を賃金日額とし、この額に応じた給付率（8割から5割）を掛けたものが基本手当日額（1日分の単価）です。仮に月給が30万円だった場合の基本手当日額は、約6割の5915円です。賃金日額に掛ける給付率は最高8割ですが、賃金が高くなるほど給付率が下がり、月額36万6600円を超える場合は5割になります。また、基本手当日額の上限は6755円（毎年変更される）です。計算式は【図表5－4】のとおりです。

なお、賞与についても賃金と同じように雇用保険料がかかりますが、賃金日額の計算には入りません。つまり、基本手当日額には反映されないということです。たとえば、小金賀好代さんは月給20万5000円、宅間椎子さんは月給26万円ですから、【図表5－4】の「賃金日額

【図表5－4】高年齢求職者給付金　基本手当日額の計算式

賃金日額（おおよその賃金月額）	基本手当日額（賃金日額×給付率）
2,480円～4,970円未満 （74,400円～149,100円未満）	賃金日額×0.8
4,970円以上～12,220円以下 （149,100円～366,600円以下）	0.8×賃金日額―0.3× {(賃金日額―4,970）÷7,240} ×賃金日額
12,220円超～ （366,600円超～）	賃金日額×0.5 ただし、上限額は6,755円

※基本手当日額の上限・下限は毎年変更になる

４９７０円以上１万２２２０円以下」欄の計算式に当てると、高年齢求職者給付金の目安は１日分がそれぞれ約４９３９円、５６０５円になります。

●雇用保険は年齢無制限

雇用保険は従来65歳以上で新たに雇用された場合は加入できませんでしたが、平成29年1月1日より、1週20時間以上勤務などの条件を満たせば年齢無制限になりました。それに合わせて、1回限りの給付だった高年齢求職者給付金も、雇用保険の加入期間が６カ月以上あれば何度でも受給できるようになりました。

もちろん、高年齢求職者給付金は退職すれば自動的にもらえるのではなく、失業し、再就職する意思と能力があるなど、いくつかの条件を満たした場合に受給できるものです。また、自己都合退職などの場合は、受け取るまでに3カ月程度の給付制限があり、退職日の翌日から1年間（受給期間）に受け取らなくてはなりません。これは、65歳までの失業給付と同じです。

育児休業・介護休業・キャリアアップの場合は

ところで、さっき、雇用保険には失業給付以外にもタダでもらえるものがあると言っていたよね。

そうそう、言ってた。私たちは65歳以降も働き続けるんだから、それを教えてよ。せっかく保険料を納めているんだから元を取らないとね。

まったく、都合のよいことは覚えているんだね。実は、失業とは逆に、失業せずに済むような給付があるんだ。主なものには、育児休業、介護休業、キャリアアップに関係するものなんだけど、65歳までと同じように何歳になっても利

用できるよ。

何歳になっても利用できるって言うけど、私たちが今さら育児休業なんてあり得ないでしょ。

もちろん、要件を満たせばの話だけどね。たとえば介護休業は、オレも含めて自分たちの年代じゃ避けて通れないよ。それに二人とも65歳からも現役続行するなら、自己啓発に取り組んでキャリアアップしたらどうかな？

65歳までは、再雇用などで賃金が下がった場合に、その一部を補てんしてくれる「高年齢雇用継続給付制度」がありますが、65歳以降はなくなります。しかし、ほかにも仕事を辞めずに済むための給付が準備されています。これらの給付は、65歳以降も65歳までと同じように利用することができます。

●育児休業中で賃金が出ない場合は「育児休業給付金」

育児休業給付金は、原則として1歳未満の子を養育するために育児休業を取得し、一定の要件を満たした場合にハローワークへ手続きをすることにより受け取れる手当です。手続きは原則として会社が行い、育児休業開始時の賃金日額の67%に支給日数を掛けた金額が支給されます。ただし、支給開始から6カ月経過した後は50%に下がります。育児休業開始時の賃金日額は、高年齢求職者給付金の場合と同じ計算式で求めます。たとえば、小金賀好代と宅間椎子さんの場合は、1日当たりの目安はそれぞれ4500円、5800円、6カ月経過後は3400円、4300円程度になります。

65歳以上となると実子の育児休業というのはあまりないと思いますが、養子縁組里親、養育里親等も対象になります。

●介護休業中で賃金が出ない場合は「介護休業給付金」

介護休業給付金は、対象家族を介護するために介護休業を取得し、一定の要件を満たした場合にハローワークへ手続きをすることにより受け取れる手当です。手続きは原則として会社が行い、介護休業開始時の賃金日額の67％に支給日数を掛けた金額が支給されます。請求は通算93日分を限度に3回まで行えます。介護休業開始時の賃金日額は、高年齢求職者給付金の賃金日額と同じです。

介護休業の対象となる家族は、要介護状態にある配偶者、父母、子、配偶者の父母、祖父母、兄弟姉妹、孫などかなり広範囲にわたり、同居や扶養の有無を問いません。

●仕事のためにスキルアップしたい場合は「教育訓練給付金」

教育訓練給付金は、自分で費用を負担して厚生労働大臣が指定した教育訓練講座を

【図表5－5】介護休業給付金の対象となる家族の範囲

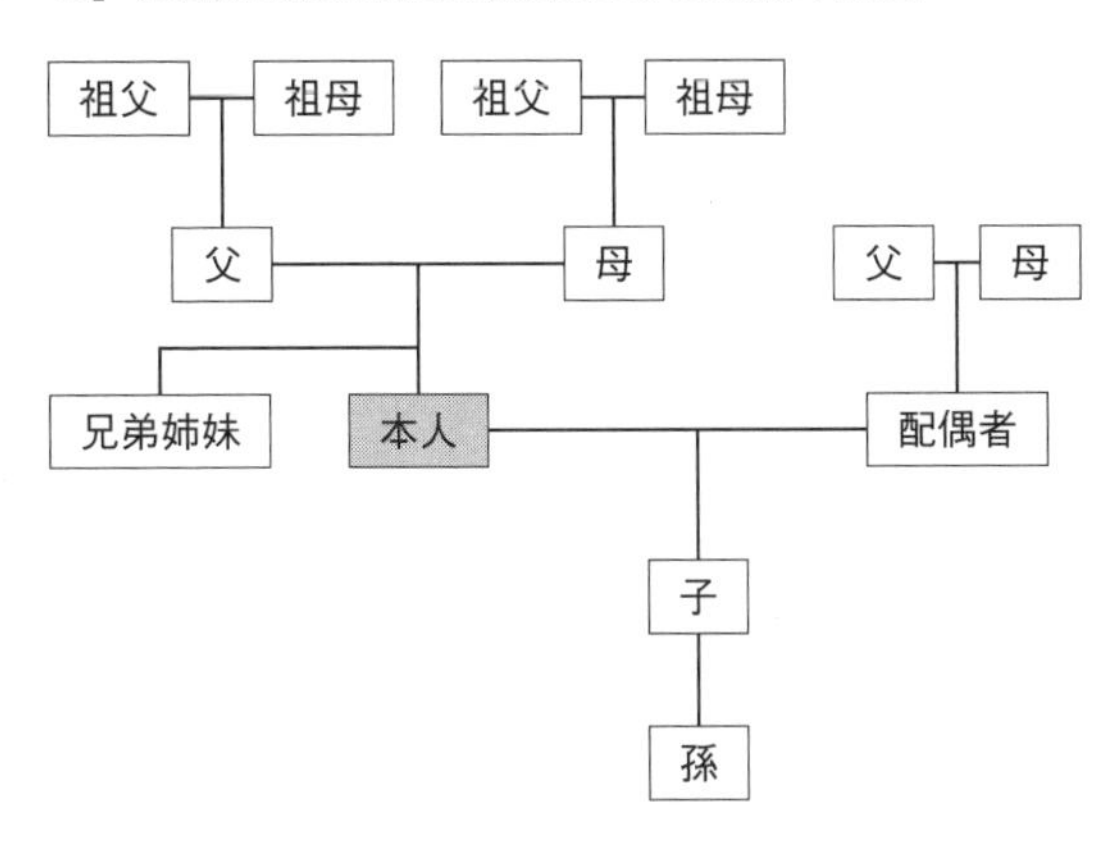

受講し修了した場合に、支払った費用の一部などが支給されます。指定された教育訓練講座は、「厚生労働大臣指定教育訓練検索システム」で検索できます。給付金には、一般教育訓練給付金と専門実践教育訓練給付金の二つがあり、給付金の対象になるかどうかを事前にハローワークへ「支給要件照会」をすることができます。

なお、受給のための手続きは本人が行います。

一般教育訓練給付金は、語学、パソコン技能、大型自動車免許、簿記検定、介護職員初任者研修修了などを目指す講座です。給付金は、支払った費用の20％で、給付の上限は2万円です。

専門実践教育訓練給付金は、看護師、介護福祉士、保育士、建築士など、専門的職業に就くための教育訓練、専門学校の職業実践専門課程（訓練期間2年）などです。訓練開始の1カ月前までにハローワークへ所定の手続きが必要です。給付金は支払った費用の50％で、給付の上限は1年間40万円などです。

6
65歳からも輝き続けるために

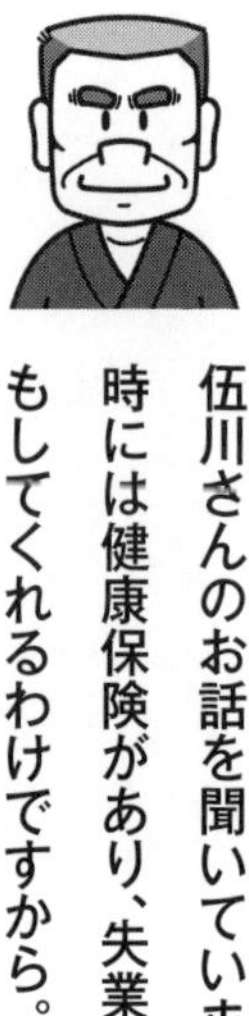

伍川さんのお話を聞いていますと、やはり勤め人は恵まれていますね。病気の時には健康保険があり、失業した時ばかりじゃなく、失業しないためのフォローもしてくれるわけですから。

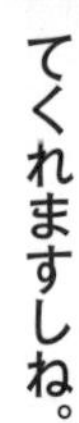

そうなんですよ。それに、仕事中や通勤中の病気やケガは労災保険がカバーしてくれますしね。

さて皆さん、盛り上がっているところに申し訳ないんですが、そろそろ蛍の光、ラストオーダーのお時間です。何か召し上がるものがあったらおっしゃってくださいね。

あっ、もう23時ですね。それじゃあ、〆に「おでんつゆぞうすい」を並盛りでお願いします。

さすが小金賀さん、お目が高い。最初に召し上がっていただいたおでんのつゆで煮込みますから美味しいですよ。当店イチオシの一品なんです。

じゃあ、私も「おでんつゆぞうすい」をお願いします。

えっ、二人ともまだ食べるの？　この時間に食べ過ぎると大変だよ。ダイエット中なんだろ。

何言ってんの、これは別腹よ。ダイエットは明日から。

そうそう、まだ〝中締め〟よ。今日は難しい話をいっぱい聞いたから、脳みそに栄養を与えないとね。美味しい「おでんつゆぞうすい」を食べながら、今日の内容をまとめておきましょうよ。

そうだね。まず、65歳からの働き方について再雇用、転職再就職、独立創業の3つのパターンを話したよね。その次に、65歳以降も働き続けることを前提にして、年金や健康保険、雇用保険の基本を説明したと思う。では、現実に目を移して、これからどうしたらよいのかを考えてみよう。

ここまで、65歳以降も現役続行することを前提に話してきました。一方、退職後に働かないことも含めて、65歳以降だからこそ選択できる働き方や生き方もあるはずです。ボランティア活動に取り組むなど、新しい生きがいを見つけるのも素晴らしいと思います。自分の人生ですから、自分で自由に決めればよいのです。

つまり、今の65歳というのは、ちょうど飲み会における「中締め」のようなものだともいえるのではないでしょうか。そのまま同じ場所で飲み続けるのもよし、場所を変えて飲み直すのもよし、帰るのもよしなのです。

いつの間にか60歳、あっという間に65歳

考えてみたら、いつの間にか60歳になってたな。この調子だと65歳もあっという間だね。書類に年齢を書くとき、60歳って書くとゾッとするよ。隣に住んでいる母が今年83歳なんだけど、最近ちょっと認知症が疑われるのよね。病院に行こうと言ってるのに、嫌がるの。親戚のおばちゃんからは「シーちゃんがそばにいるから安心」なんてプレッシャーをかけられるし……。

うちも父が86歳なんだけど、まだ車の運転をするのよ。危ないから免許返納を勧めてるのに「オレは大丈夫だ」って聞く耳を持たなくてね。でも事故でも起こしたら大変じゃない。何でお年寄りってあんなに頑固なのかね。

最近は親戚のお葬式も多いよね。オレは父も母も5人兄弟、家内のほうもそんなもんだから、合わせるとかなりの人数なんだ。こういっちゃなんだけど、予備軍がいっぱいいるわけよ。つい先日にも親戚のお葬式があったけれど、参列者がみんな高齢なので、送迎の世話が必要で参ったよ。65歳なんて、まだまだ働き盛りという感じだね。

65歳。まさか自分に訪れるとは思ってもいなかった年齢です。しかし、時間は誰にも公平に流れており、確実にその日はやってきます。本書は、65歳以降も前向きに現役続行したい人を応援するものです。一方、65歳ではまだ楽隠居できないという現実もあります。しかし、事情はどうあれ、働き続けることは素晴らしく、仕事はイキイキと輝き続ける源でもあります。

1　65歳で楽隠居できない今どきの事情

ひと昔前ならば、60歳定年後、遅くとも65歳からは余生を楽隠居するという人生設計を描けましたが、今の時代はとてもそのようなことはできません。受け取る年金だけでは心もとなく、また、親や子、孫の世話まで見続けなくてはならず、大黒柱としての役目はそう簡単に引退できません。

●厚生年金の平均受給額は月に約14万5000円

皆さんの年金受給見込み額はいくらでしょうか？　厚生労働省「平成29年度厚生年金保険・国民年金事業の概況」によると、厚生年金の平均受給額は14万4903円で、男性16万5668円、女性10万3026円です。受給者数の多い階層は、男性で18～19万円、女性では9～10万円です【図表6－1】。この数字は、民間企業に勤めていた人のデータであり、在職中の保険料納付額、納付期間などにより、男女間、個人間の差が大きくなっています。

すでに年金を受給している方もいると思いますが、今後、支給開始年齢は徐々に

【図表6－1】厚生年金保険（第1号）
男女別年金月額階級別老齢年金受給権者数（平成29年度末現在）

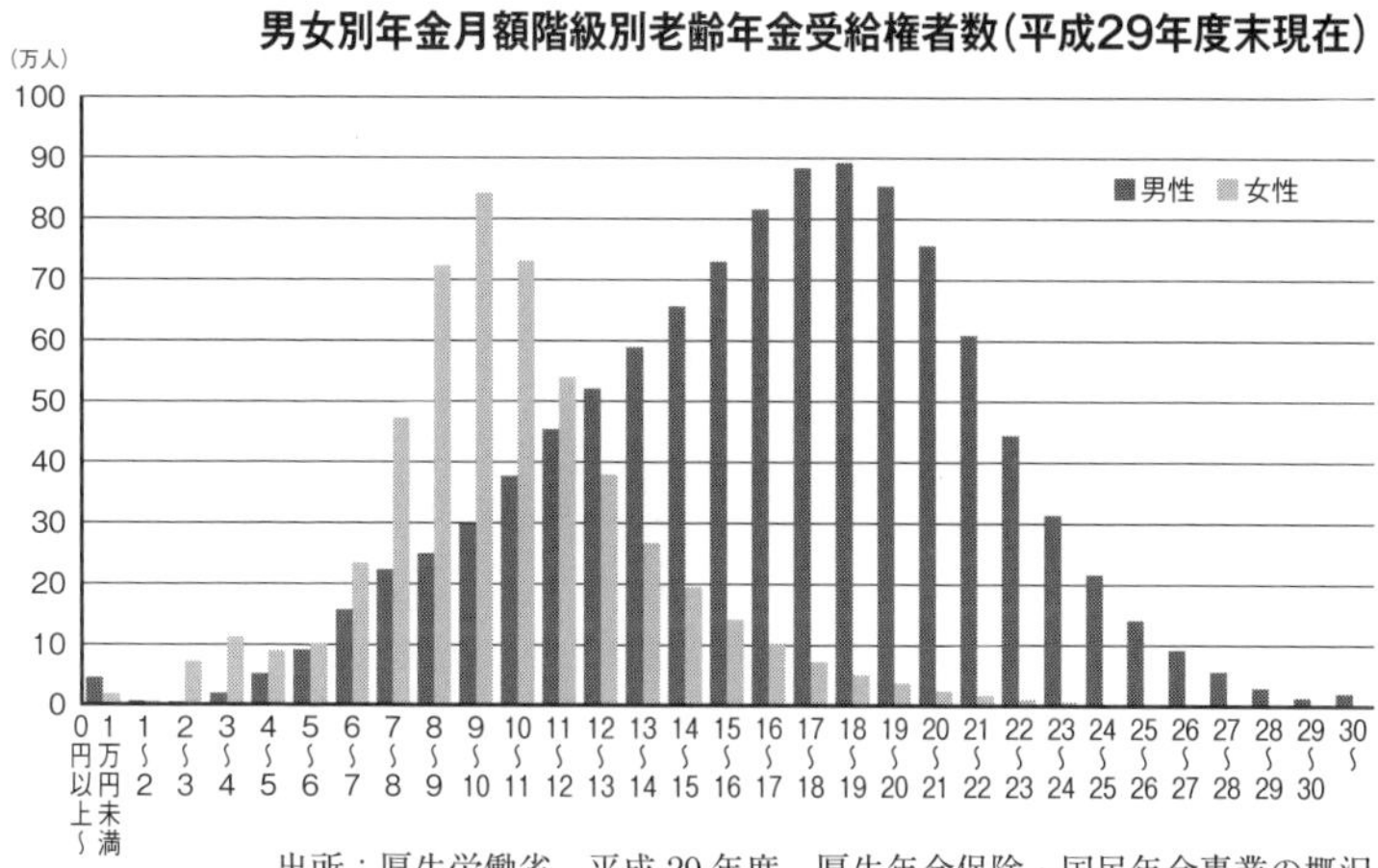

出所：厚生労働省　平成29年度　厚生年金保険・国民年金事業の概況

繰り下がり、原則として65歳からの支給になります。定年後に夢見た豊かな年金暮らしは、本当に夢だったのです。

●65歳時点での平均余命は男性約20年、女性約25年

厚生労働省「平成29年簡易生命表」によると、65歳時点での平均余命は男性19・57年、女性24・43年、70歳では男性15・73年、女性20・03年です。人の寿命など誰にも分かりませんが、多くの場合65歳時点では、男性で20年、女性で25年くらいは生きられる可能性が高いということです。

65歳を機に楽隠居し、趣味のゴルフ

や旅行三昧を期待している方もいるでしょう。しかし、まだあと20年なり25年なりの余生が残されていることを考えると、65歳で隠居生活に入るのは少々早すぎる気がしませんか？

●親と子からダブルの負担も

平均的な結婚、出産、寿命の年齢からみて、ちょうど今の60代は親の介護の担い手になっていると考えられます。昔ならば兄弟が多く、介護の担い手には困りませんでしたが、今は多くても2～3人の兄弟で分担しなければなりません。また、配偶者である妻や夫にも介護が必要となる親がいますから、配偶者の手を借りることは期待できません。老人ホームなどの施設に入所させるにも、それなりの費用がかかります。さらには、親の世代には兄弟が多いものですが、それは参列すべきお葬式も多くなることを意味します。すなわち、初盆、年忌などが毎年のように訪れます。

一方、すでに成人している子について不安を抱えている方も多いことでしょう。結婚して独立することもなく実家で悠々の独身生活を送っていたり、結婚したとしても孫の世話に頼られてばかりで、かじられる脛は細るばかりかもしれません。

2 それでも働き続けることは素晴らしい

「若いときの苦労は買ってでもせよ」という言葉がありますが、歳をとった今も相変わらず苦労の連続という方もいるかもしれません。それでも、仕事を通じて社会から必要とされることはとても素晴らしいことであり、人の幸福は、働くことをおいて得ることはできないものです。

●今の自分に自信を持つ

60歳を過ぎると、会社でも家庭でも〝終わった人〟のレッテルを貼られがちです。特に男性は元気のない人が多い気がします。若い頃は、苦労は買ってでもするものだと信じ、昼夜を問わず働き、会社に貢献してきたことでしょう。若い頃は先輩や上司に気を遣い、65歳になった今は上司となった部下や若い人に気を遣い、「私の会社員人生40年は何だったのか」と感じることもあるかもしれません。

しかし、自信を持ってください。若い頃の苦労があったからこそ、60歳なり65歳になるまで会社に居場所があったのです。60歳、65歳になって突然能力が落ちてしまうことはなく、むしろ業務で必要な調整力はかえって高くなったはずです。少々、加齢臭がしようが、髪が薄くなろうが、動きが緩慢になろうが、歳を重ねれば誰でも経験する自然現象です。気に病むことはありません。

●人の幸福は、働くことをおいて得ることはできない

働くということについて、経営学者で「人を大切にする経営学会」の坂本光司会長は、次のように述べています。「人の幸せは四つといわれる。一つは人にほめられること。二つは人に必要とされること。三つは人の役に立つこと。四つは人に愛されること。これら四つの幸せは、働くことをおいて得ることは不可能だ。」

私もこの考え方に同感です。これからの時代は、少子化で労働力不足ということもありますが、65歳超どころか70歳超であっても、何らかの仕事をすることで世のため人のために役に立つことができます。そして、それこそが幸福の源泉となることでしょう。

65歳以降のワーク・ライフ・バランス

65歳からは、今までのように仕事中心の生活じゃない進路もあるのよね。うちのお父さん、65歳で会社辞めて実家で農業の真似ごとをしたいらしいのよ。

スーちゃんのところは夫婦二馬力だし、それができるからいいよね。スーちゃんがコツコツ貯めた小金もあるしね。スーちゃんのモンペ姿、きっとインスタ映えするよ。私も、許されるなら小さい頃にやりたかったピアノを習いたいな。そして、サザンの「いとしのエリー」なんか弾き語りできたら最高ね。

「いとしのエリー」というより「いい歳のエリー」じゃないの。おっと失礼、オレが言ったんじゃないよ、お酒が言わせたんだよ。それはともかく、人って歳を取ると小さい頃の習慣に戻る傾向が強いみたいだね。65歳というのは一つの節目だし、事情が許す範囲で好きなことに取り組むのもいいね。

政府広報オンラインには、「ワーク・ライフ・バランス（仕事と生活の調和）とは、働くすべての方々が、「仕事」と育児や介護、趣味や学習、休養、地域活動といった「仕事以外の生活」との調和をとり、その両方を充実させる働き方・生き方のことです」とあります。生活基盤が整ったら、ワークだけでなくライフの充実にも目を向けるとよいでしょう。

1 生活を楽しむため必要な分だけ働く

フルタイム勤務は無理でも、1日数時間程度なら働けるといった方もいるかもしれません。それも、仕事を終えたあとの楽しみのために、必要な分だけ仕事をする働き方です。

●1日数時間のアルバイト

「ずっと家にいるよりも体を動かしたい」という方は多いものです。私の知人のKさんは、65歳以降、マンションのごみ出しアルバイトをしています。毎朝2〜3時間程度働き、時給は千円程度です。アルバイトの後は、千円で歌い放題のカラオケボックスで仲間と2時間程度カラオケを楽しみます。そして、夕方は近所の居酒屋で1500円の晩酌セットで軽く一杯やるのが日課です。それ以外も、気が向いた時にシルバー人材センターの仕事を月に数件こなします。

現役の頃とは仕事と生活のバランスがまったく逆転していますが、現役の頃とは違いフラットな人間関係が気に入っており、たまに仕事で出会った人たちと山登りに出かけています。

●家庭農園で汗を流す

家庭農園のできる土地を持つ人は限られていますが、今は自治体が農家から借り上げた農地などを整備して、住民の方に有料で貸し出している農園があります。たとえば東京都練馬区の場合は、1区画は概ね15平方メートルで、原則として1年11カ月の間利用できます。賃料は1カ月当たり400円で、水道、共用農具庫、簡易トイレなども設置されており、応募倍率はなかなかの高さです。

この農園を利用しているSさんは、収穫した野菜が自分だけでは食べきれないため、知り合いにもおすそ分けします。すると相手からも何か返ってくるという、物々交換の生活を楽しんでいます。趣味であった土いじりが実益を兼ねてきたのです。また、農作業という共通の作業を通じて助け合える仲間もでき、奥さんに先立たれた後もイキイキと生活しています。

2 習い事を通じて新たな自分を発見する

会社員時代に取り組めなかった習い事にチャレンジしてみるのもよいでしょう。自分には難しいと思っていたことを克服したり、新たな人間関係を開拓したりすることで、自分の知らない一面を発見できることもあります。それにより、生活全体の充実にもつながります。

●夫婦で英会話教室に通う

よく、夫婦で共通の趣味を持つとよいといわれますが、そう簡単に見つかるものではありません。自営業をされているOさんは、若い頃からゴルフに打ち込んでいました。一方、奥さんはお菓子作りが好きで、二人に共通の趣味はありませんでした。65歳を機にOさんは勤務時間を減らし、夫婦二人で英会話教室に通うようになりました。これまで二人に共通の趣味がなかったため、二人ともゼロから始められるということで英会話を選んだそうです。熱心に通っているものの、あまり上達はしていないそうですが、それでも夫婦で共通の話題ができてよかったと話していました。

●料理を覚えて自活する

衣食住のうち、自活する上でまず重要となるのが「食」ではないでしょうか。銀行の重役をされていたKさんは、奥さんが亡くなる前は仕事一筋で家事とはまったく無縁の人でした。ですから、奥さんが亡くなった直後は、近所に住む娘さんが料理を作って持って来てくれていました。

しかし娘さんの勧めもあって一念発起し料理学校に通い始め、今では料理をすることに喜びを見出すようになりました。そのことがきっかけとなり、週に2日ほど勤務している仕事にも張りが出ているようです。

3「何もしない」という選択肢もある

生きがいや生活の心地よさというのは人それぞれです。バリバリ働き現役続行したり、趣味に生きたりするだけが全てではありません。65歳以降は無理せず、自分に合った方法で過ごせばよいのです。そこには、「何もしない」という選択肢もあるはずです。

●生きがいは人それぞれ

本書は65歳以降も現役続行するためのものですが、「仕事は十分したから、もうこれ以上は何もしたくない」という考え方もあるでしょう。それも立派な一つの選択肢です。

自分が現役続行して働き続けなくても、誰にも迷惑はかかりません。生きがいや生活の心地よさというのは人それぞれであり、他人から「こうあるべきだ」と決められるようなものではありません。「何もしない」という選択ができるのも、自由度が高い65歳以降だからこそと胸を張ってください。

●社会とのつながりは十分保てる

今は情報の窓口が多く、仕事をしなくても社会とのつながりを保てます。インターネットは世界中につながっており、必要な情報は即座に入手できます。メールやS

NSを使えば、自宅にいながら情報発信・交換もできます。私自身もSNSの一つであるフェイスブックを利用していますが、結構面白いものです。

また、公立の図書館に行けば、夏は涼しく冬は暖かな空間で、新聞や本が無料で読み放題です。開館時間中であれば、自分の都合で自由に利用できますが、一生かかっても読み終えることなどできません。しかも、図書館通いをすれば、家に四六時中いるわけではなくなるので、家族からも煙たがられません。

ボランティア活動への道

最近よく「ボランティア」って言葉を耳にするけど、何か感じがいいよね、カタカナだけど。

シーちゃんも、だいぶお酒がまわったようだね。

ボランティアって私たちにもできるの?

もちろん、小金大好きのスーちゃんにもできるよ。うちの家内は近所の公園にあるトイレの清掃ボランティアをやってるよ。オレにも一緒にやろうって言うから、「一人で行っといれ」なんて断っているけどね。

伍川くん、それって臭いよ。それはともかく、お金を出すことはできないけど、何か世の中のためになることがあったらしてみたいな。でも、こうやって友だちの少ない伍川くんの話し相手になっているのも、ボランティアみたいなものか。

前述の坂本光司氏の言葉にあった人の幸せのうちの一つが、「人の役に立つこと」でした。ボランティアというのは、その代表格ではないでしょうか。もちろん、ボランティアと一口にいっても多種多様ですので、特技、興味のあること、現役時代の経歴など、自分に合った活動を探してみてはどうでしょうか。活動する際のポイントは、身近なことから、無理をせず、約束やルールを守り、相手や関係者の立場を尊重することです。そして、万一の事故に備えてボランティア保険に加入しておきましょう。

1 こんなボランティア活動も

私の周りでも、65歳以降に次のようなボランティア活動をされている方がいますので、ご紹介しましょう。

●毎朝ランニング〝拾活〟

Yさんは、毎朝5時から8～9キロのランニングをしながら、街中のゴミ拾いをしています。2011年から雨の日も風の日も1日も休むことなく、平日は100個前後、休日には200～250個以上のゴミを拾い続け、燃えるゴミの数だけでも累計11万個も拾ったそうです。

ランニングで健康維持するだけでなく、ゴミを拾うことで街中がきれいになり、一石二鳥の活動です。

●観光案内ボランティア

Eさんは、地元の観光協会を通じて、月に3回程度、寺社の観光案内をしています。元々歴史が好きだったためこの活動を始めました。手作りイラストを作り、ユーモアたっぷりの語り口が評判です。人に説明するには3倍分かっていないといけないといわれるように、新しい情報などを常に勉強しておく必要があり、人と話すことが脳のトレーニングにもなるそうです。そして何より観光客からの「ありがとうございます」のひと言がうれしいといいます。

●青色防犯パトロール活動

会社を退職後に帰郷したIさんは、下校中の子どもを見守る「青色防犯パトロール隊」を10年以上続けています。「青色防犯パトロール隊」というのは、青色回転灯を装備した自動車による自主防犯パトロール活動をいいますが、大きな声で挨拶したり、手を振ってくれる子どもたちに元気をもらっているそうです。

●週に二日剣道の指導

会社経営者のOさんは、ボランティアで近所の公民館で剣道を教えています。大学まで剣道をしており二段の腕前だったのですが、長年遠ざかっていました。ところが、軽い脳梗塞（のうこうそく）を発症され、運動が必要になったため、最初は子どもたちと一緒に汗を流すようになったのがきっかけでした。そのうち、子どもたちだけでなく、大人の有段者にも定期的に指導をするようになりました。その甲斐あってか、1年前に自らも三段に昇段されたといいます。

2 どのようなボランティア活動があるのか

インターネットで「ボランティア活動」と検索すれば、実にさまざまな団体が出てきます。まずは関係窓口へ問い合わせをすることから始めてみましょう。また、身近なところでは町内会・自治会や、同窓会・クラス会などの役員も立派なボランティア活動です。

●ふれあいネットワーク

社会福祉法人全国社会福祉協議会のホームページには、災害ボランティアや福祉に関する幅広い情報が掲載されています。また各都道府県や政令指定都市の社会福祉協議会のホームページにもリンクされていますので、お住いの地域の情報も得ることができます。

●地域福祉・ボランティア情報ネットワーク

全国社会福祉協議会地域福祉推進委員会・全国ボランティア・市民活動振興センターのホームページには、ボランティア活動の考え方など基本的なことや活動事例などの情報が詳しく掲載されています。また、各都道府県や政令指定都市にも拠点があり、それぞれのホームページにリンクされていますので、お住いの地域の情報も把握できます。

●こども食堂ネットワーク

こども食堂というのは、地域ボランティアが、子どもたちへ無料または安価で食事を提供する場所です。現在、全国各地に広がっています。こども食堂ネットワーク事務局のホームページには、こども食堂の考え方や作り方の情報が掲載されています。

●町内会・自治会

自治会や町内会の活動は、一番身近なボランティア活動ではないでしょうか。確かに、すでにある組織に入っていくのは何となく敷居が高く感じられるかもしれませんが、前向きにとらえれば地域デビューのよいきっかけになるはずです。また、組織が高齢化していますので、65歳以降でも若手として重宝されます。自分の人生を豊かにするだけでなく、活力ある地域づくりにもつながります。

●クラス会や同窓会の幹事

どういうわけか、還暦を過ぎた頃からクラス会や同窓会が懐かしくなります。現役の頃はそれぞれに社会的立場も違いましたが、この歳になれば似たり寄ったりです。クラス会でもするとなると、会場の手配、出欠の取りまとめなどと結構大変なものです。そのため、幹事を引き受けてくれる人は重宝されるでしょう。

3 人生経験豊富だからできるボランティアもある

人格及び行動について、社会的信望、時間的余裕、生活の安定などが求められるボランティアもあります。もし条件が合えば、人生経験豊かな65歳以降の方にはもってこいの活動であるため、ぜひ前向きに取り組んでみてください。

●保護司

保護司とは、刑務所を仮釈放された場合など、保護観察中の人が再び罪を犯さないよう、定期的に面談などを行い、社会復帰を見守る人です。保護司の仕事は、人生経験を積んだ包容力のある65歳以降の方にはピッタリでしょう。更生保護ネットワークのホームページには、保護司の職務内容や具体的な活動の様子が写真入りで紹介されています。中には各地にある更生保護施設に職員として勤務されている方もいます。

●民生委員・児童委員

民生委員・児童委員は、高齢者、障がい者、子育て世帯の訪問や見守り、住民からの相談対応をはじめ、行政や社会福祉協議会、学校等と連携・協力した活動をする人です。市町村の一定区域ごとに設置される「民生委員児童委員協議会」の一員として地域の福祉力を高めるための取り組みなども進めています。全国民生委員児童委員連合会のホームページに活動内容などが掲載されています。

【おわりに】

最後までお読みいただきありがとうございます。この手の本は、何となく難しそうな書き方がしてあるものが多いのですが、いかがでしたか。

実は、この本を書くきっかけとなったのは還暦同窓会でした。それぞれの立場で60歳まで立派に働いてきたのに、「65歳まではともかく、65歳から先どうなるんだろう」という不安を持つ同級生が多かったのです。そして不安の多くは65歳以降の再雇用や再就職、年金や健康保険などのことでした。

それも、そんなに専門的なことではなく、基本的なことだったのです。ちょうどパソコン関係と同じで、内容に入る前の言葉自体が分からない人も多く、何か一般の人でも分かるような、65歳以降も現役続行するための超簡単な入門書ができないかと思ったわけです。

また、この本を書き終えた今、あらためて感じるのは「65歳なんて飲み会でいうならまだまだ中締めだ」ということです。これから二次会、三次会と多様な選択肢が待っています。65歳以降は背負うものも多少軽くなる分、楽しいことも出てくると思いますが、それをどう考えて取り組むかはあなた次第です。

何だかんだいっても60歳、65歳まで元気に働き続けられたこと自体が素晴らしいことなのです。こんな素晴らしいことを65歳で終わらせるのは、単に本人や会社の損失というより社会全体の大きな損失です。

また、今回のテーマは65歳を迎えようとする方々が、今後どのように現役続行をしていけばいいのかというものですが、同じ年代である私自身への呼びかけでもあったわけです。

そのために、あれもこれもと欲張りすぎて、当初の執筆量は予定を大幅に超えてしまい、その中から取捨選択しながらの調整にひと苦労したほどです。

ところで、この本の原稿チェック作業中に時代は平成から令和へと変わり、世の中が祝賀ムードで盛り上がっていたこともあり、私にとっては楽しい作業でした。

今回の出版に当たって、執筆を優しく支えてくれた家族、業務多忙な中にあって全面的に協力してくれた事務所スタッフ、ならびに株式会社産業能率大学出版部様や出版にかかわっていただいたすべての皆様に、心より感謝申し上げ、結びとさせていただきます。

令和元年6月

社会保険労務士　川越雄一

■著者略歴■

川越 雄一（かわごえ ゆういち）

1958年宮崎県生まれ。1991年に社会保険労務士を開業し、企業の労務指導に携わる。「人を大切にする経営」をベースにした指導は実践的で分かりやすいと評判がよい。また、月2本配信中のメールマガジン「割烹着社労士　川越雄一・労務のかくし味」は読みやすく内容が中小企業にぴったりと全国に読者が多い。さらに、ブログ「社労士　川越雄一の成り行き日記」は2005年9月から毎日投稿を続けている。

著書に『小さくてもパートさんがグッとくる会社』『ベテラン社員さんがグッとくる“終わった人”にさせない会社』『欲しい人材がグッとくる求人･面接･採用のかくし味』(労働調査会)がある。

人を大切にする経営学会会員。

書籍コーディネート：(有) インプルーブ　小山睦男

65歳超入門 隠居するにはまだ早い！　〈検印廃止〉

著　者　川越　雄一
発行者　杉浦　　斉
発行所　産業能率大学出版部
東京都世田谷区等々力 6-39-15　〒 158-8630
（電 話）03（6432）2536
（FAX）03（6432）2537
（振替口座）00100-2-112912

2019年6月30日　初版1刷発行

印刷・製本所　日経印刷

（落丁・乱丁はお取り替えいたします）　ISBN978-4-382-05772-2